13 Monde auf dem Weg zur Crone

Entdecke die weise, alte Frau in dir

Ein schamanischer Weg

AF186906

 Maria Merimi, Jahrgang 1949, spiritueller Name *Pure Joy of Heart*; von 2003-2007 Lehrling bei Beate Ehlen (schamanische Heilerin und Lehrerin) im Hon Dahja Institut in Rheinbrohl für schamanische Heilweisen und Methoden.

Seit 2018 bei Zarah Star Turtle Schaeffeler, die seit über 20 Jahren auf ihrem spirituell-schamanischen Weg unterwegs ist, und ihren Platz u.a. bei den Frauenzeremonien gefunden hat.

Maria Merimi lebt in Köln, Deutschland.

März 2020

Für Katharina, meine geliebte Zwillingsschwester und für ihre weiblichen Nachkom-
men, die Töchter Sandra und Nicole und die
Enkeltöchter Lea, Mira, Anouk und Minou in
der Hoffnung auf die nächsten Generationen
der weisen alten Frauen und nicht zuletzt für
meinen Sohn Simon, der bereit ist seinen männlichen Part beizutragen zur Unterstützung der
Crone.

Liebende begegnen
sich nicht eines Tages,
irgendwo. Sie sind immer
schon einer im andern.

RUMI

Den Begriff Crone[1] in Zusammenhang mit einer weisen alten Frau hörte ich zum ersten Mal als ich die Einladung von Zarah zur Crone-Crowning-Ceremony[2] erhielt. Zuvor hatte ich eher ein gespaltenes Verhältnis zu meinem Alter und dem bevorstehenden 70. Geburtstag im Jahr 2019.

Viele Frauen empfinden es als Beleidigung, wenn sie als alte Frau bezeichnet werden. Oft wollen wir unser Alter verheimlichen; ich gebe es gerne zu, bei mir war es nicht anders bevor ich mich bewusst auf den Weg zur Crone gemacht habe. Wenn die Zeiten der Kindererziehung und/oder der Berufstätigkeit vorbei sind fallen viele von uns in das berühmte "tiefe Loch" und haben erst einmal Schwierigkeiten sich an diesen neuen Lebensabschnitt zu gewöhnen. Hinzukommt, dass die Ausdrucksweise, die der Volksmund im Laufe der Zeit für die alten Frauen geprägt hat nicht besonders attraktiv ist. Worte wie "alte Schachtel", "alte Jungfer" oder "alte Hexe" tragen nicht dazu bei, in eine freudvolle neue Zeit des Älterwerdens zu gehen. Dazu kommt ein Gefühl von Nutzlosigkeit, das oft schwer zu überwinden ist.
Daher war es an der Zeit ein neues Bewusstsein zu erschaffen und uns an alte Traditionen zu erinnern.
Zum Glück haben sich die Zeiten mittlerweile verändert und immer mehr Frauen genießen diesen Teil ihres Lebens und die damit

gewonnene neue Form der Freiheit. Nun gibt es die Zeit sich neuen Dingen und Aufgaben zu-zuwenden. Es ist eine neue Lebensphase und es macht Freude diese bewusst zu erleben und deren Beginn zu feiern.

Dabei hilft uns ganz besonders eine Zeremonie als Übergang in diesen neuen Lebensabschnitt.

In alten Kulturen, so auch in den indianischen, galten die älteren Frauen als weise Frauen. Sie waren Heilerinnen und wurden gerne um Rat gefragt in allen Lebensbereichen. Sie hatten Einfluss auf die Stammesführer und nahmen aktiv unter großem Respekt der Gemeinschaft am Leben teil.

Es gilt dieses Bild der weisen alten Frau in unsere Zeit herüberzuretten. Dazu ist ein bewusster Wandel in uns und die Freude an unserer eigenen Weisheit und Weiblichkeit erforderlich.

Wann eine Crowning-Zeremonie abgehalten werden kann ist traditionell unterschiedlich. Meine Lehrerin Zarah schrieb in ihrer Einladung zur Zeremonie, dass die Frauen eingeladen sind, die 13 Monate ihr Blut gehalten haben. In anderen Traditionen kann dies anders sein.

Das Überschreiten der Schwelle zur Cronehood innerhalb meines Rituals vom 27. Oktober 2018 war ein wichtiges und feierliches Ereignis für mich und die Frauen die daran teilgenommen haben. Ein Rückblick in Dankbarkeit für alles was ich gelernt und erfahren habe in meinem zurückliegenden Leben und die Bereitschaft für neue Visionen für die Zukunft. Was will ich noch lernen und erfahren zum Besten für mich und das Große Ganze. Es ist eine Freude sich auf diese Reise zu begeben und es ist ein Fest des Lebens bewusst eine Crone zu werden.

Wie alles begann

Obwohl ich schon viele Jahre einem spirituellen Weg folge hatte ich mich in den vielen Aktivitäten meines Alltags verloren. Immer entdecke ich so viele neue, interessante Dinge und Aufgaben, die mir verlockend erscheinen, dass ich irgendwann davon überfordert werde. Genau zu dieser Zeit erfolgte ein Anruf meiner Sangha[3] Schwester Annette, die mir von Zarah erzählte und die Dinge nahmen ihren Lauf.

Aber was hat mich dazu bewogen diese Geschichte aufzuschreiben? Dieser Satz geht mir seit einiger Zeit durch den Kopf. Ich habe meine Erlebnisse und die damit verbundenen Gefühle innerhalb der letzten Monate aufgeschrieben, seit meiner ersten Begegnung mit Zarah. Es war mir wichtig, mich mit den Dingen in meinem Inneren auseinander zu setzen. Ich wollte mir diesen Vorgang genau ansehen um später noch zu wissen, was in der Zeit auf dem Weg zur Crone geschah. Im Laufe der Monate hoffte ich mehr Klarheit über mich und mein Leben zu gewinnen. Ich wollte wissen was ich noch tun kann in der vierten Lebenszeit. Was ist meine Aufgabe, meine letztendliche Bestimmung. Also habe ich mich führen lassen auf meinem Weg und habe alles festgehalten was geschah ohne es zu werten. Am Ende dieser Zeit stand der Wunsch, meine Erlebnisse zu teilen.

Ich hatte mich auf dem Weg zur Crone auf eine innere Visionssuche begeben ohne zu wissen wo es mich hinführen wird. Das Ergebnis dieser Suche hat mich überrascht und war für mich völlig unerwartet. Eine Zeitlang habe ich mit meinem Schicksal gehadert und wollte nicht annehmen was geschah. Im Endergebnis habe ich meinen Frieden mit den Ereignissen machen können.

Da ich kein Einzelwesen bin, brauche ich Menschen, mit denen ich das, was ich erlebe, teilen kann. Es ist mir nicht mehr wichtig zu wissen, warum das so ist. Ich weiß nur, dass es so ist. Wie schon bei meinen beiden früheren Herzensgeschichten ist es auch diesmal so, dass ich diese Geschichte teilen muss. Nun gibt es aber noch einen neuen Aspekt, der mir vorher nicht klar war. Denn auf dem Weg zur Crone habe ich von den 13 Clanmüttern erfahren können. Das war ein tiefes Erlebnis für mich. Das Wissen über die 13 ursprünglichen Clanmütter ist ein Vermächtnis aus alter matriarchaler Zeit. Jamie Sams[4], eine Medizinfrau der Seneca, hat über die weiblichen Aspekte von Großmutter Erde, welche alle auch in uns Frauen zu finden sind, ein Buch geschrieben das sehr lesenswert ist. Es ist in englischer Sprache geschrieben und wurde leider noch nicht ins Deutsche übersetzt.

Besonders beeindruckt hat mich die Clanmutter "Storyteller", die, die ihre Geschichten erzählt, lebendig erhält und weiter gibt für die nächste Generation. Denn wenn wir unsere Geschichten nicht erzählen nehmen wir sie mit ins Grab. Das wäre doch sehr schade, für ein volles, gelebtes Leben. Und hier knüpfe ich die Verbindung zur weisen, alten Frau, die noch aktiv am Leben teilnimmt und ihre Weisheit weitergibt.

Ich habe die Geschichte in Form von Tagebucheintragungen geschrieben, und zwar immer dann, wenn ein Ereignis über Erlebnisse oder Träume real wurde. Somit sind meine Aufzeichnungen nach dem Datum geordnet. Da ich mich zeitweise auf Reisen befand, habe ich auch die Orte aufgeschrieben an denen die Erlebnisse bzw. Träume stattfanden.

Im Nachhinein musste ich meine Erlebnisse überarbeiten ohne ihnen den Wahrheitsgehalt zu nehmen.

Wäre mir von Anfang an bewusst gewesen, dass ich eine Geschichte schreibe, hätte ich schon früher angefangen meine Notizen in Buchform zu schreiben. Es sollte jedoch noch einige Zeit dauern bis ich dazu kam die notierten Ereignisse in mein Laptop zu bringen. Daher nun der Reihe nach, denn die Zeit des Schreibens kam erst auf meiner nächsten, längeren Reise und auch dort hatte ich erst einmal mit einigen Hindernissen zu kämpfen.

Alicante, 19. November 2018

Heute regnet es schon den ganzen Tag und ich bin nicht zufrieden. Seit längerer Zeit bin ich nicht zum Schreiben gekommen und das macht mich unzufrieden. Seit ich vor einigen Jahren angefangen habe meine Herzensgeschichten aufzuschreiben, führe ich ein zufriedeneres Leben. Dies verdanke ich dem Buch von Julia Cameron "Der Weg des Künstlers"[5]. Zu dieser Zeit wusste ich noch nichts von den Clanmüttern, von denen ich erst viel später durch Zarah erfahren sollte. Eine von ihnen ist "Storyteller" und sie lehrt mich die Geschichten, die in mir lebendig sind nach außen zu bringen. Ich fühle mich sehr zur Clanmutter Storyteller hingezogen. Aber, wie gesagt, am 19.11.18 in Alicante war mir das alles noch nicht bekannt.

An diesem Tage war ich wie gelähmt und es wollte mir einfach nicht gelingen einen Anfang zu finden. Weder meine angefangenen Kurzgeschichten noch meine Gedanken zur Crone-Crowning-Ceremony konnte ich zu Papier bringen. Ich suchte die Schuld im Außen und das war in der Tat gerade etwas schwierig. Die Enge des Wohnwagens mit dem wir unterwegs waren, die Schwierigkeit in der Nacht beim Aufwachen zu schreiben ohne meinen Partner zu stören, und, und...

Doch bevor ich den Wohnwagen verlasse um mich draußen abzulenken, mache ich einen

Test, um wieder ans Schreiben zu kommen. Ich rede mir nämlich ein, ich kann meine Anfangsideen nur mit der Hand in ein Schreibheft formulieren. Aber auch das gelingt mir im Augenblick nicht. So versuche ich es heute einmal anders und überwinde damit eine Blockade in meinem Inneren. Ich setze mich an den kleinen Tisch und schreibe direkt ins Laptop. Fühlt sich ganz gut an denke ich, als ich die erste Seite geschrieben habe. Warum will ich eigentlich immer so sehr an meinen alten Gewohnheiten festhalten frage ich mich.

Die werdenden Crones haben die Aufgabe neue Dinge auszuprobieren, um lebenslang Lernende zu bleiben. So habe ich nun die Möglichkeit gleich damit zu beginnen, indem ich meinen Widerstand gegen das Laptop überwinde. Lernen es einfach genauso zu benutzen wie meine geliebten Hefte und Stifte. Ich bin erfreut, dass es sich gar nicht so schlecht anfühlt wie erwartet. Kurze Zeit später hat sich meine Unzufriedenheit in Kreativität verwandelt. So kann ich endlich damit beginnen die Dinge zu dokumentieren, die seit dem 27. Oktober 2018 geschehen sind. An dem Tag haben wir bei Zarah die Zeremonie zur Crone gemacht und den Auftrag erhalten auf innere Visionssuche zu gehen.

Musste ich Dir erst einen Sturm schicken?

Am 13. Dezember 2018 konnten wir unsere geplante Tour nach Marbella und Málaga nicht antreten, weil es in der Nacht und den ganzen Tag einen starken Sturm gab. Bert, mein Partner, musste noch in der Nacht das Vorzelt besonders sichern. Ich dachte an Zandvoort in Holland vor langen Jahren. In jenem Sommer verbrachte ich mit meiner Zwillingsschwester und ihren 2 Kindern bei starkem Sturm eine Nacht im Zelt. Wir lagen da und fanden es sehr unheimlich, aber spannend war es auch. Heute an diesem Morgen im geschützten Wohnwagen ziehe ich im Liegen die Vorhänge zurück und sehe den Palmen beim Tanzen zu. Ich liege unter meiner warmen Decke und fühle mich unglaublich verbunden. "Der Tanz der großen Mutter"[6] kommt mir in den Sinn und ich weiß, dass heute der Tag ist, an dem ich endlich beginnen muss, die Geschichte der Zeremonie bei Zarah aufzuschreiben. Beim Schreiben bekomme ich den Satz: "Musste ich Dir erst einen Sturm schicken", denn auf einmal war alles klar und einleuchtend und ich hatte keine Probleme mehr. Abends war ich so zufrieden und glücklich, endlich hatte ich wieder den Anschluss an meine Geschichte gefunden. Der Sturm und meine dadurch bedingte Untätigkeit haben mich wieder zum Schreiben gebracht.

Nun konnte ich endlich die Ereignisse vom 10. September bis 23. November 2018 festhalten.

10. September 2018

An diesem Tag bin ich Zarah zum ersten Mal begegnet und war sehr beeindruckt. Schon die Art wie es zu diesem Treffen kam war besonders. 2018 war ein Jahr der Veränderungen. In einem längeren Prozess hatte ich mich 2017 entschlossen mein langjähriges Ehrenamt im Naturschutz aufzugeben, um mich auf etwas Neues einzulassen. "Zufällig" ergab sich die Möglichkeit in meiner Nähe die Pacht einer Tennisgastronomie zu übernehmen. Alle Türen taten sich auf und auch mein Lebenspartner war bereit diesen Schritt mitzutragen. Da es sich um ein Saisongeschäft von April bis Oktober handelt, blieb uns noch genug Zeit zum Reisen. Im Laufe der recht anstrengenden Sommersaison wurde ich innerlich immer unzufriedener und konnte mir nicht erklären warum. Alles lief bestens, wir hatten gute Partner, das Finanzielle lief gut, die Menschen, die mich umgaben waren nett. Aber ich selber hatte das Gefühl abgeschnitten zu sein von etwas "Höherem" was ich weiter nicht beschreiben kann. Diese Unzufriedenheit war zeitweise sehr stark, ich machte mir Vorwürfe in der Art: "Du musst wieder mehr meditieren, Du musst wieder öfter in die Sangha gehen, Du musst wieder dem schamanischen Weg folgen, unendliche

Gedankenschleifen in meinem Inneren. Genau in dieser Situation bekam ich einen Anruf von Annette, die mit mir in der Sangha ist. Eigentlich hatte ich keine Zeit, war in Eile, aber das, was Annette mir sagte, war so wichtig und ansprechend für mich, dass ich es wenigstens in Erwägung ziehen wollte. Es ging um ein Treffen im Oktober mit Frauen die sich bewusst auf den Weg der Weisen Alten machen wollen. Annette betonte, ihr Anruf war so im Juni, dass bis Oktober 2018 noch viel Zeit wäre und im September würde ein Vortreffen stattfinden. Mir blieb also noch genug Zeit zum Überlegen. Aber eigentlich war ich sofort Feuer und Flamme, denn ich spürte, dass dies die Möglichkeit war mich wieder tiefer zu verbinden. Alleine das gab mir die Kraft die etwas hektische Arbeitszeit in der Sommersaison zu meistern. Und so kam es, dass alle Hindernisse im Laufe der Zeit beseitigt wurden und dem ersten Treffen am 10. September 2018 stand nichts mehr im Wege. Bei diesem ersten Treffen wusste ich von Anfang an, dass es richtig ist was ich tue. Ich merkte, wie wichtig es für mich war, mich in diesen Prozess zu begeben.

Ich werde im nächsten März 70 Jahre alt und es ist mir eine Freude mich bewusst zu entscheiden eine weise Alte zu werden.

An diesem Tag im September haben wir zu 6 Frauen die Entscheidung getroffen eine Crone zu werden. "Du bist im Einklang mit dem höheren freien Willen"; höre ich Zarah sagen, "die höchste Priorität ist jetzt die weise Alte in Dir zu unterstützen".

Wir müssen uns klar machen, was wir dieser Welt noch geben wollen und was in Zukunft noch wichtig ist für uns.

Das setzt voraus sich zu fragen, entspricht meine Handlung und Lebensweise dem einer weisen Frau, muss ich dies oder jenes wirklich noch machen oder sind meine Beziehung oder mein Job wirklich noch förderlich für mich und das Große Ganze.

In 13 Monaten soll dieser große Raum einer Crone erforscht werden. Ich begebe mich in eine innere Visionssuche und hoffe danach zu wissen wo meine wirkliche Bestimmung ist.

Gerne schreibe ich mir Zarahs Erläuterungen auf, damit ich besser verstehe was gemeint ist.

Nach der Crone-Crowning-Zeremonie werden die Spirits die angehenden Crones unterstützen.

Zarah wird nach einem Jahr alle zukünftigen Crones einladen und fragen, zu welcher Erkenntnis sie in den 13 Monaten gekommen sind. Danach wird eine Widmungszeremonie gemacht mit dem was die Crones in die Welt bringen wollen.

Es geht darum den Raum "weit" zu machen, es muss etwas sein, das über das Familiäre hinausgeht. Möglichkeiten sind z.B.; Sterbehilfe, Gemeinschaften, Ausstellungen, Mehrgenerationenprojekte, oder auch jungen Mädchen das Nähen beibringen. Der Radius soll sich erweitern, auch über Schreiben und kreative Arbeiten, den Raum weiter machen, nicht verengen. Die Widmung soll etwas anderes sein, als das was vorher schon da war.
Bitte an die Spirits "Zeig mir was ist meine Bestimmung".

Dann haben wir nochmal 1 Jahr Zeit um wirklich nach außen zu gehen mit dem was unsere Bestimmung ist für das Große und Ganze. Du musst dich sichtbar machen mit dem was du kannst und weist. Mit 72 Jahren werden wir allmählich zur Ältesten.
Wenn du die Ältestenschaft von 72 bis 81 Jahren lebst, indem du deine Einzigartigkeit wirklich zum Ausdruck bringst, kann die Großmutter in dir aufwachen. Nun hast Du als Matriarchin einen viel größeren Raum zur Verfügung.

Wichtige Fragen; "welche Räume will ich halten und welche Räume kann ich halten."

Es macht mir sehr viel Freude von Zarah etwas über die verschiedenen Großmütter zu erfahren.

So höre ich von der Herzenslicht-Großmutter, und dass sie die ist, die tröstet, wenn andere ängstlich sind oder leiden,

und ich höre von der Großmutter mit der Schürze, die alles weiß über Hungersnöte und Festmahle,

dann höre ich von der Großmutter mit türkisfarbigen Wimpern und vielfarbigen Schuhen, die farbige Großmutter, die den Mädchen und jungen Frauen sagt wie schön sie sind,

und von der Großmutter Schöpferin, die kreativ ist und schöne, kraftvolle, Dinge erschafft,

und nicht zuletzt von Großmutter Destina, die mir zeigt, wie ich mein Schicksal, meine Bestimmung lebe und nicht mit meinem Leben hadere.

Das alles lässt wunderbare, kraftvolle, neue Bilder in meinem Inneren entstehen, so dass die Begriffe, die ich am Anfang schrieb "Alte Schachtel, Alte Jungfer" in meinem Kopf gelöscht werden. Ein unglaublicher Reichtum breitet sich vor mir aus und ich freue mich schon jetzt darauf ihn zu erkunden. Am besten aber gefällt mir die Großmutter mit den türkisfarbigen Wimpern und den vielfarbigen Schuhen, die den jungen Frauen zeigt wie schön sie sind, ein ganz zauberhaftes Bild, das mir Freude macht. Ich werde in Zukunft darauf achten, wenn ich junge Frauen sehe, die noch unsicher sind, ihnen zu sagen, wie schön sie sind. Es geht um Gemeinsamkeit und nicht um Konkurrenz. Schwesternschaft ist hier ein ganz besonderes, wichtiges Anliegen, auch von mir.

MEIN LEBEN ALS ZUKÜNFTIGE CRONE

Hinweise und Übungen, die mir bei diesem Prozess in den nach der Zeremonie folgenden 13 Monaten helfen werden, meinen Charakter zu verfeinern und mein Maß an Selbstwert zu erhöhen.

---

5. Sich dazu verpflichten, eine lebenslang Lernende und Wissen sammelnde Frau zu sein.

4.Neue kreative Muster entwickeln, die dich glücklicher und gelassener machen.

6. Täglich die Entscheidung treffen, einen freudvollen Tag zu verbringen und Energie zu gewinnen.

3. Die Verbindung mit Frauen und Frauenkreisen suchen und leben.

Alles Ungeliebte, Ungewollte, Verstoßene jetzt wahrnehmen, beobachten, akzeptieren und der Verwandlung übergeben. Entwickle die innere Magierin und verändere dich mit ihrer Hilfe.

7. Meditationen, Rituale, Naturverbindung – Verbindung zu etwas Größerem - aktiv tun

2. Aktives Warten
Dies beschreibt eine offene neugierige innere Haltung dem Leben gegenüber. Du willst das Leben erfahren und berühren und deine weiblichen Qualitäten schulen.

8. Selbstliebe - durch Selbstwertschätzung und Selbstakzeptanz wird das Selbstkonzept hell und stark. Gib dir das!

1. Die Aufmerksamkeit auf sich selbst richten!
- **Körperliche Berührungen und sich spüren**
- **Fokus auf Sinnlichkeit und Verbundenheit richten.**
- **Wille, sich selbst tiefer kennen zu lernen und zu erfahren.**
- **Das Leben genießen**
- **Die Kraft der Dankbarkeit sich erschließen**

21

18. September/19. September 2018

Vision in der Nacht

Ich bin voll Energie und beschwingt. Bert schläft schon und ich komme die Treppe hoch zu unserem Schlafzimmer. Seit einiger Zeit hängt mein Krafthemd, das ich vor langer Zeit angefertigt habe, an einem Regal an der Wand, damit ich es immer sehen und spüren kann. Dieses Hemd hat eine männliche und eine weibliche Seite, seit längerem hängt es mit der weiblichen Seite nach oben, auf beiden Seiten sind meine Ahnen symbolisiert. Versehentlich hatte ich vor einigen Tagen einen Kleiderbügel mit einer warmen Jacke darüber gehangen und vergessen ihn wieder wegzunehmen. Jedenfalls in dieser Nacht, fällt der Bügel mit der Jacke mit einem lauten Knall die Treppe herunter und landet in der Küche. Ich kümmere mich nicht um dieses Ereignis, sondern gehe als erstes zum Krafthemd und drehe es aus einem Impuls heraus von der weiblichen auf die männliche Seite. Kurze Zeit später bleibe ich erstaunt stehen; die männliche Seite strahlt mich so intensiv an, so dass ich für einen Moment den Fluss der männlichen Ahnen genau vor mir sehe. Wie ein Relief tritt alles aus der vorderen Seite des Krafthemdes hervor und leuchtet mich an. Ich bleibe stehen und fühle mich umfangen von diesem kraftvollen männlichen Schutz. Unglaublich gestärkt und zufrieden lege ich mich zur Nachtruhe und bin glücklich. Es ist für mich ein Zeichen, auf dem Weg zur Crone die Kraft der männlichen Ahnen so stark zu spüren.

Crone-Crowning-Ceremony 27. Oktober 2018

1. Vollmond Ritual

Jede werdende Crone braucht eine Begleiterin, die ihr beisteht, für sie aufschreibt, auf sie achtet oder für sie ein Kissen oder andere Dinge holt, wenn es nötig ist. Die angehenden Crones durchlaufen draußen auf dem Gelände in der Natur verschiedene Stationen, die von Zarah aufgebaut wurden. Da gibt es die Bäume der Ahnen mit dem Ahnenaltar, zwei Spiralen und die Hütte der Großmütter mit den Fotos der weisen alten Frauen, die alle zurzeit noch leben. Meine Freundin Gisela ist meine Begleiterin. Sie schreibt in einem kleinen Heft alles auf, was sie für wichtig hält. Diese Notizen aus dem kleinen Heft erscheinen im Folgenden kursiv.

Am Ahnenaltar

(Anm. Gisela)
Der Ahnenstrom; Strom der Lebendigkeit

Ich, Maria, verbinde mich mit den Ahnen und spreche mit Katharina und Otto, meinen verstorbenen Großeltern mütterlicherseits. Ich stelle ihnen meinen Mann Bert vor und sage, dass ich jetzt in den Kreis der weisen alten Frauen eintreten möchte und bitte um ihren Segen. Ich spüre besonders intensiv die Verbindung zu meiner Großmutter Katharina und ihr Wohlwollen in diesem Augenblick.

Auf den Ahnenaltar habe ich den Schmuck von Bert gelegt, den er mir im 1. Jahr unseres Zusammenseins geschenkt hat, ein Lavaherz mit einer roten und einer schwarzen Hälfte. Dieser Schmuck bleibt bis zum Ende unseres gesamten Rituals dort liegen.

Türkis Stein

Ich habe mich von meiner Intuition führen lassen und zum türkis Stein gewandt. Gisela schrieb dazu ins kleine Heft

Türkis: Clanmutter Looks Far Woman; lehrt mich die Wahrheit zu sehen (Anm. Gisela)

Da ich zu dieser Zeit noch nichts über die Clanmütter wusste habe ich Zarah gefragt und sie schreibt mir dazu Folgendes;

"Looks Far Woman, die Frau, die in die Ferne schaut.
Hierbei handelt es sich um die Clanmutter des Monats April und zu ihr gehören alle Pastellfarben. Sie lehrt uns die Wahrheit in all ihren

Farben zu sehen. Sie ist die Seherin, Träumerin und Visionärin unter den Clanmüttern. Sie lehrt uns die Gültigkeit unserer Eindrücke, Träume, Visionen und Gefühle, so wie sie in unserem inneren Potenzial existieren, anzuerkennen. Sie hat gelernt, die Wahrheit in der Natur zu finden und ihr Sehen auf diese Weise geschult. Sie hält die Verbindung zwischen dem Oben (Himmel) und dem Unten (Erde) und dadurch ist das Sehen handfest und nicht abgespalten. Sie arbeitet mit der Traumzeit, weil sie gelernt hat, die Symbole ihrer Träume zu entschlüsseln. Und sie ist in der Lage durch Spiritreisen ihr Bewusstsein auszudehnen und so verlorene Seelenanteile wieder zurückzuholen und zu integrieren".

Kristalldom

(Anm. Gisela)
Kleines Medizinrad, Kristalldom, dort wird das Kristallei gewidmet;
Du hast dich im Kristalldom nach Osten gewandt und dort wird der mitgebrachte Stein, der das Ei der geistigen Fruchtbarkeit symbolisiert, in die Erde gebracht. Dieses Ritual wird nun an den kommenden 12 Vollmonden vollzogen.

Anmerkung Zarah

"In der Ei-Widmungs-Zeremonie nimmst Du die Hilfe eines Verbündeten aus der ersten Welt von Großmutter-Erde (=Mineralwelt) zu Hilfe. So wird die Absicht im Stein gehalten und zum Besten verwandelt."

Wir werden also in den nächsten 12 Monaten die geistige Fruchtbarkeit absichtsvoll nutzen und bei Vollmond, das Ei bzw. den mitgebrachten Stein als Repräsentant der Eier, die in unserem Schoß waren/sind, in der linken Hand halten und die Worte sprechen: "Ich befruchte dich (diesem Stein) mit der Absicht eine weise Alte zu werden und begieße dich mit dem reinen Wasser."
Widmungszeremonie: Osten

Anmerkung Zarah

"Himmelsrichtung Osten -Kristalldom- Ei-
Widmungs-Zeremonie
Der Osten ist der Platz des Elementes Feuer.
Hier befindet sich die Kraft der kleinen alltäg-
lichen und der vollen Erleuchtung. Unser Leben zu erleuchten bedeutet, die Anweisungen,
die wir vom Großen Geist erhalten haben, klar
zu sehen und zu verstehen, sie zu "beleuchten".
So kommen wir zu der Erleuchtung und spirituellen Einsicht und Erkenntnis, die wir suchen.
Wenn wir uns erweitern, gewinnen wir die Ein-
sichten, die unser Leben tagtäglich erleuchten.
Der menschliche Aspekt im Osten ist der von
Spirit. Es ist das Feuer in uns, das bestimmen
soll, wie wir unser Leben leben und unsere Vision verwirklichen und nicht der kleine Ver-
stand (Mind), der glaubt schon alles zu wissen."

Apfelkreis

Im Apfelkreis bekomme ich den Namen Diana.

Hier ist mir nicht klar, wer damit gemeint ist.
Eine für mich sehr wichtige Frau, meine frühere
Therapeutin, heißt Diana und Zarahs Lehrerin
heißt Diane. Diane unterstützt Zarah auf spiri-
tueller Ebene bei den Ritualen.
Ich warte ab, ob ich für mich im Laufe der 13
Monate eine Antwort finde.

Hütte der Großmütter

(Anm. Gisela)
Hütte der Großmütter,
Humor und Weisheit

Zarah hat mir viel sagen können zu den beiden Großmüttern, die mich regelrecht in ihren Bann gezogen haben in dem dunklen Iglu Zelt mit den Kerzen. 13 Fotos der noch lebenden Großmütter konnte ich betrachten. Aber die beiden, die mich magisch angezogen hatten gaben mir die Worte Humor und Weisheit und das reicht mir völlig aus und ich muss nicht mehr wissen. Bezeichnend war für mich, dass eine der Großmütter, eine Hopi mit dem Namen Mona Polacca aus Arizona/USA, seit 30 Jahren in der Suchtheilung und -prävention tätig ist. Zu diesen 13 Indigenen Grandmothers gibt es ein wunderbares Buch von Carol Schäfer[7]

Spontan geht mir durch den Kopf, dass vielleicht Drogenberatung meine Aufgabe am Ende der Visionssuche sein könnte. Dieser Gedanke beunruhigt mich und macht mir keine Freude.

Überschreiten einer zeremoniellen Schwelle

Am Ende unseres Rituals überschreiten wir eine Schwelle und werden an der anderen Seite von Zarah in Empfang genommen. Wir erhalten unsere geweihten lila Schals, die wir während der Zeit auf dem Weg zur Crone zu unseren Ritualen tragen werden. Es ist ein äußerst feierlicher Augenblick für mich. Als Abschluß ziehen wir jede eine Karte mit einem Symbol, das uns begleiten wird auf unserem weiteren Weg.

(Anm. Gisela)
Die Botschaft der Großen Göttin

Meine gezogene Karte hatte als Symbol zwei Fenster und den Leitsatz: Glückliches Sein, Glücksfeen, Engel und Verbündete helfen mir, mein Leben glücklich zu entfalten.

Dazu gab es einen Text von Zarah, den ich gerne zitieren möchte:
"...Das Symbol zeigt zwei Fenster.
Durch das rechte Fenster blicke auf dein Leben mit all seinen Möglichkeiten, die du aufgrund deiner Fähigkeiten und Anlagen mitgebracht hast. Nimm dir Zeit, um anzuschauen, was du jetzt gerade leben möchtest. Dann schaue durch das linke Fenster. Es zeigt dir die Welt der

hilfreichen Verbündeten aus allem, damit sich deine Lebenswünsche erfüllen mögen, im Sinne vom "Großen und Ganzen" und den Welten von Großmutter Erde. Bitte diese Wesen um Hilfe, und Niemandem zum Schaden.

Die Essenz dieser von Dir gezogenen Karte und des Symbols unterstützt dich wie folgt: Entfaltung des Potenzials, Klarheit über sich selbst, Kraft und Energieschub, Impuls für alle Übergänge, Lebensfreude, intensive Verbindung zur Natur und zu Tieren, Erleichterung der Traumarbeit."

Der Tag endet mit einem feierlichen Essen und Genießen von all dem, was jede von uns mitgebracht hat. Es kam eine unglaubliche Fülle von leckeren Dingen zusammen, die uns Freude machten und wir konnten fröhlich und inspiriert den Kreis der Frauen verlassen.

Im Laufe der Tage und Wochen hatte ich Unklarheiten in Bezug auf mein erstes Vollmondritual und so schrieb ich eine Mail an Zarah um meine Fragen zu stellen. Da ich mich mittlerweile auf Reisen befand hatte ich die Idee Muscheln für mein Ritual zu nehmen anstatt Steine. Zarahs folgende Antwort war mir sehr hilfreich:

"Zur Ei-Widmungs-Zeremonie nimmt man ausschließlich Steine. Das hat folgenden Grund: Mineralien sind Halter und Transformierer von Energie. Muscheln gehören ins Tierreich und sind somit Empfänger von Energie, Pflanzen sind Geber von Energie und wir Menschen sind Bestimmer von Energie. Da du ja möchtest, dass die Energie im Ei gehalten und transformiert/verwandelt wird, nimmst du Steine. Der Stein steht symbolisch für das Ei. Du kannst selbstverständlich darüber hinaus, wenn du deine Zeremonie machst, das Ganze auch noch mit einer Muschel segnen, indem du sie auf den Stein legst. Das fühlt sich für mich schön an".

Immer wenn ich unsicher war und an Zarah schrieb waren ihre Antworten für mich eine wertvolle Unterstützung bei den gesamten Ritualen der folgenden Vollmonde. Noch heute ist das Symbol der beiden Fenster sehr wichtig für mich und hat eine tiefe Bedeutung erhalten. Diese Dinge in meinen Alltag zu integrieren hat eine starke Verbindung und ein großes Vertrauen in meinen Weg gebracht.

Der 2. Vollmond

23. November 2018, bei Alicante/Meer

Der 2. Vollmond, an dem ich meinen Wunsch festige, eine Crone zu werden, ist Freitag, der 23. November 2018. Ich bin mit Karlsson, meinem Hund, in El Campello/Spanien, auf einem Campingplatz. Bert, mein Mann, ist auf einer Dienstreise. Ich werde um 4.00 Uhr morgens wach und bin voller Energie und sehr lebendig. Oh, wie fühlt sich das gut an, so voller Vorfreude auf diesen Tag zu sein. Ich genieße meine Lebendigkeit und meinen Körper, freue mich auf die vor mir liegenden Ereignisse. Heute werde ich meinen Wunsch bekräftigen "eine Crone zu werden" und durch mein Ritual vertiefen. Karlsson hat sich einen gemütlichen Platz in seinem Körbchen gesucht und ich hänge meinen Gedanken nach. Ich habe noch keine Ahnung wie ich das Ritual machen werde. Die Gegebenheiten auf dem Campingplatz scheinen im ersten Moment schwierig. Aber ich möchte nicht ins Grübeln verfallen, wie es "auszusehen hätte". Ich bleibe bei den positiven Gefühlen meines Körpers und meines Geistes, so wie es im Moment ist und nehme eine ausgiebige Dusche. Ich genieße diese wunderbare Duschanlage mit dem wirklich heißen Wasser. Danach ziehe ich schon am Morgen mein schwarzes Kleid an und lege den lila Schal um, den ich bei unserer Zeremonie

geschenkt bekam. Dieser Schal wurde von den jungen Frauen für die alten Frauen mit den besten Wünschen gesegnet. Es fühlt sich unglaublich gut an und die Zeremonie vom 27. Oktober 2018 steht in aller Deutlichkeit und Schönheit vor mir. Ich bin ganz bei mir, merke aber auch, dass ich aus meinem eigenen Gefängnis herauskommen muss. Die sich ständig in meinem Kopf wiederholenden Gedankenschleifen fangen an mich zu lähmen. Ich kann es nicht mehr hören, dass sie mir immer wieder die gleichen Sätze in den Kopf hämmern:
"Du bist mit dem Hund alleine, wie willst du ein Ritual machen, hier findest du nie zu dir, das geht erst wenn Bert wieder aus Athen zurück ist und dir den Hund abnehmen kann, außerdem die Nachbarn am Platz werden dich merkwürdig finden".

Energisch sage ich Blah, blah, blah und muss lachen.

Als ich mich am Nachmittag entschließe diesen Kreislauf zu durchbrechen verändert sich alles wie von selber. Karlsson und ich laufen am Strand bis zum nächsten Ort, und zwar immer mit den Füßen/Pfoten durchs Wasser am Meeresrand und es ist wunderbar. Die Sonne begleitet uns die ganze Zeit und hinterlässt Silberstreifen in meinen Augen, alles glitzert. Zwischendurch, wenn Karlsson müde wird, setzen wir uns auf eine der schönen Steinbänke am

Rand der Promenade und genießen die anderen Menschen und Hunde. Es gibt ganz wunderbare Kontakte und einfach nur Freude, die Freude am Sein. Ich bin mir immer noch nicht sicher wo ich meinen Stein (das mit den Wünschen befruchtete Ei) hingeben soll. Aber wenn diese Art von Gedanken in mir aufsteigen, kann ich sie sofort bei Seite schieben und im Moment bleiben. Ich möchte heute keine Zweifel. So ergibt sich irgendwann die Situation ganz von selbst. Nach fast 10 km ändert sich der Stand der Sonne und ich erlebe es in der Tat als "die blaue Stunde", dieses Licht ist so außergewöhnlich schön, dass ich einfach stehen bleibe um meine Umgebung näher zu betrachten und tief in mich aufzunehmen. Das Meer ist ruhig, hell blau und hat nur ganz leichte Wellen. Ich habe den Stein schon länger in meiner Jackentasche mit meinen Fingern berührt, jetzt nehme ich ihn in meine Hände und fühle mich unglaublich verbunden. Karlsson sitzt an meinen Füßen und ist ebenfalls ganz ruhig und friedlich. Eine Weile bleibe ich so, dann werfe ich, ohne weiter zu grübeln, den Stein mit der Bekräftigung meines Wunsches "eine weise Alte zu werden" ins Meer. Wir gehen langsam zurück zum Campingplatz und sitzen draußen vor einer kleinen Bar, Karlsson schläft in meinem Arm. Ich kann den Vollmond von diesem Platz aus sehen und bin unglaublich dankbar für diesen wunderbaren Tag. Als ich später in meinem Bett im Wohnwagen liege scheint der Mond hell durch das Dachfenster und lässt mich noch lange nicht einschlafen.

Vertrauen kommt mir in den Sinn, vertrauen auf das was kommt, ich hätte diesen Tag so perfekt nicht planen können.

14. Dezember 2018

Dämme brechen, Räume tun sich auf

Ich erwache aus einem Traum um 5.00 Uhr in der Früh und stehe im Halbschlaf auf, suche Blatt und Papier, mache das Licht an und schreibe einfach runter was noch fließen will und kann:

Dämme brechen, Räume tun sich auf, alles verwandelt sich durch Liebe;
selbst die Situation in einem Haus mit Stacheldraht und einem bissigen Hund kann verwandelt werden.

Irgendwo bin ich und merke wie sich eine unmögliche Situation verändert und alles an zu fließen fängt; Lindenthal hätte eine Chance sein können, alles war da, nur ich selber war noch nicht bereit, nicht in der Lage es zu tun. Das darf nie wieder passieren! Die geschenkte Geschichte aus dem Traum ist ganz unwichtig, war aber schön und kämpferisch. Mehrere Menschen auf einem Raum, Haus, in einem Leben, es geht nicht zusammen, jeder will fliehen; die Protagonistin nimmt alles in die Hand. Sie klettert über Stacheldraht, setzt sich mit dem beißenden Hund auseinander. Dieser verfolgt sie immer weiter, beißt sich in ihr fest und wird zum Schluss ein Freund. Alle sind auf der Flucht; der Hausdrache, die Frau des Hauses, auch sie wird verwandelt und alle, die auf der Flucht waren, sind zum Schluss vereint, und es gibt eine Schwangerschaft mit einem goldenen Bauch.

All die Bilder waren unglaublich stark und intensiv, ich konnte alles spüren, auch den Schmerz beim Festbeißen des Hundes im Bein. Ganz besonders intensiv war das letzte Bild der Schwangeren mit dem goldenen Bauch. Sie will es erst nicht sagen, dass sie schwanger ist, aber dann ist nur noch Freude, sie legt sich hin, alle halten sie, sind glücklich, ihr Bauch sieht aus wie eingeölt mit goldener Flüssigkeit und sie windet sich im Liegen und genießt das "Da" sein der anderen und die Freude über ihren Bauch. Und der Bauch strahlt in der Sonne.

18. Dezember 2018

Umgang mit schwierigen Gefühlen!

Was soll ich lernen auf dem Weg zur Crone?

Das Paradies ist oft so nah und dann, durch ein kleines Ereignis, wird es zur Hölle.

Erkenntnis: Alles ist nur in mir; aber trotzdem real vorhanden in diesem Augenblick.

Ich träume viel in dieser Zeit und manchmal schreibe ich die Träume auf um sie mir später wieder klarzumachen. Manchmal lasse ich es, weil ich das Liegenbleiben genießen möchte. Ich spüre jedoch, dass ein tiefer innerer Prozess in Gang gekommen ist.
Bei der Zeremonie im Oktober habe ich viel Unliebsames dem Feuer übergeben und das hat sich sehr befreiend angefühlt. Jetzt spüre ich, dass ich aufs Neue geprüft werde. Wieder ist es schmerzhaft. Ganz aktuell hat sich ein Problem ergeben mit einer Frau auf dem Platz, dort wo unser Wohnwagen steht. Obwohl sie eine di-rekte Nachbarin ist, finden wir keinen guten Kontakt zueinander. "Die Chemie stimmt nicht", sage ich mir.
Will es aber weiter nicht analysieren. Ich bin freundlich und höflich, mehr geht nicht und das scheint auch von ihrer Seite so zu sein. Auf der anderen Seite gibt es ein Ehepaar mit dem ich

wunderbar auskomme und die mag ich richtig gern. Als dann die Frau mit dem Ehepaar etwas unternimmt, fühle ich mich zurückgesetzt und verletzt. Warum eigentlich, frage ich mich andauernd. Dieser Zustand ist schmerzhaft und ich begreife es gar nicht, was da eigentlich passiert. Ich möchte das alles nicht und mein Kopf redet ständig mit mir, dass das alles Quatsch sei und ich mich entspannen soll. Aber ganz aktuell erlebe ich Wut, Hass, Stolz verbunden mit einem Fluchtgedanken abreisen zu wollen. Ich schaue es mir an und versuche dagegen zu steuern. Gerade kommen sie vom Einkaufen zurück, und ich merke, dass das Ehepaar einfach hilfsbereit ist. Es will der alleinstehenden Frau, ohne Auto, helfen. Nun schäme ich mich sehr für meine negativen Gefühle. Aber sie waren da und ich konnte sie tief berühren und mir anschauen. Ich gehe in einen tiefen, inneren Prozess und habe wieder die Chance ganz Altes in mir zu verwandeln. Ich merke, dass ich zwar im Äußeren einiges ins Feuer geworfen habe, aber in meinem Inneren gibt es wohl noch einiges zu verbrennen.

Was ist das, was da so stark im Inneren Alarm schlägt? Warum kann ich nicht einfach die Hand ausstrecken und hilfsbereit sein? Es gibt natürlich eine Vorgeschichte zu dieser Frau. Wahrscheinlich war sie bei unserer ersten Begegnung einfach zu übergriffig oder ungeschickt. Bert hatte sich bei ihrer Ankunft auf dem Campingplatz bemüht sie in ihren Stellplatz einzuweisen, was sich als etwas schwierig erwies. Danach war sie gleich in unser Vorzelt gestürmt und hatte mich regelrecht in meinem Privatbereich überfallen. Verabschiedete sich dann etwas fordernd und laut (für meine Wahrnehmung) mit den Worten: "Wir sehen uns ja jetzt öfter". Ich fühlte mich irgendwie bedrängt.

Ich lese im Buch "Der Tanz der Großen Mutter"[8] von Clarissa Pinkola Estés und erlebe tiefe Erkenntnisse. Einige dieser wunderbaren Sätze muss ich einfach aufschreiben, denn schon beim Lesen merke ich die heilende Wirkung auf mich:

"Für all die Älteren, die im Kommen sind, die lernen, freundlich zu sein, wenn es so einfach wäre, grausam zu sein..."

"Für jene, die Hüterinnen des Lampenöls sind, die im Alltag die Stille bewahren..."

"Für alle, die sich über Gepflogenheiten hinwegsetzen, die Hand von Fremden ergreifen, sie begrüßen, als hätten sie sie von klein auf großgezogen und würden sie immer schon kennen..."

"Für jene, die zumindest einmal in die Tiefe reisen, um den schwer Verwundeten zu erreichen, den andere nicht sehen oder nicht berühren wollen..."

Dieser letzte Text geht gerade besonders tief, weil er den "schwer Verwundeten" in mir berührt; oder das "verletzte Kind", das heute früh so stark in mir getobt hat. Heute gefällt mir das Wort "der Verwundete" besser. Bei mir ist "das Kind" mit den Eltern verbunden und ich habe mittlerweile nicht mehr das Gefühl, dass dieser, mein Schmerz, noch mit den Eltern in Verbindung steht. Mein Lehrer Thich Nhat Hanh schreibt in seinem Buch "Versöhnung mit dem inneren Kind"[9]: "...es kann auch etwas ganz Altes sein...", daher passt für mich heute der "schwer Verwundete" sehr gut.

So erlebe ich eine tiefe Bewusstheit und vielleicht kann daraus eine Transformation auf dem Weg zur Crone erwachsen.

Ich kann beobachten, wenn ich mit den äußeren Bedingungen hadere und denke: "hier geht das doch alles nicht, hier kann ich nicht zu mir finden, hier kann ich keine Rituale machen...", brauche ich nur loszulassen und zur Ruhe zu kommen. Ich muss mich einlassen, auch auf die schwierigen Gefühle die hochkommen und dann erlebe ich ein kleines Wunder. Ganz stark erlebe ich, dass ich getragen und geführt werde. Das tut mir so gut und stärkt mich enorm.

Es ist in der Tat Selbsterkenntnis was geschieht und vielleicht kann ich den "Verwundeten" doch noch heilen.

18. Dezember 2018

Alle Eitelkeiten ablegen, den eigenen Weg gehen. Zu merken, was nicht mehr wichtig ist.

Immer wieder kommen plötzlich und spontan Sätze zu mir und ich muss sie sofort aufschreiben, damit sie bei mir bleiben. Hier denke ich an meine Eitelkeit in Verbindung mit meinem Alter. So habe ich auf meiner Facebook-Seite keine Jahreszahl angegeben, damit keiner weiß wie alt ich bin. Ich nehme mir vor, ab meinem 70. Geburtstag, keinen Hehl mehr aus meinem Alter zu machen oder mit dem Alter zu kokettieren.

3. Vollmond

22. Dezember 2018, Mar Azul Balerma/Palme

23.12., 3.00 Uhr nachts

Nachdem ich gestern schon recht erschöpft um 21.00 Uhr im Bett des Wohnwagens lag und einfach nichts weiter tun wollte, sind nun die Gedanken an das gestrige Ereignis des 3. Vollmondes nach der Crone-Crowning-Ceremony mit aller Kraft in mir lebendig.

An dem Morgen gleite ich in den Tag und ihr müsst wissen, dass es gar nicht so einfach ist in der Enge des Wohnwagens mit Mann und Hund, die wirkliche Einsamkeit zu finden, ich glaube, ich erwähnte es bereits. Und so war auch der Morgen geprägt von Ängsten und Zweifeln, kann ich es schaffen, heute ein Widmungsritual durchzuführen. Ich schiebe meine Bedenken zur Seite und sage zu mir laut in meinem Inneren, "lass dich führen und warte ab, beim letzten Mond hat es ja auch geklappt." Die Beruhigung, die ich mir geben will wird sofort vom inneren Saboteur zunichte gemacht in dem er sagt: "Beim letzten Mal warst Du alleine, da war es natürlich kein Problem, aber diesmal..." Langsam komme ich mir selber auf die Schliche, denn beim letzten Mal fand ich, es sei besser, wenn Bert da wäre, damit er mir den Hund abnehmen könne. Entschlossen bleibe ich bei meiner Zuversicht und der Freude und Neugier auf diesen Tag und gehe unter die heiße Dusche des Campingplatzes. Um 10.00 Uhr ist Gymnastik draußen mit sehr netten, internationalen Frauen bei Musik. Ich liege unter den Palmen, sehe kleine Vögel in ihnen hin und her flattern, genieße ihr zwitschern. Langsam bricht vorsichtig das Sonnenlicht durch die Palmblätter. Es gibt Schlimmeres höre ich mich innerlich kichern. Die Übungen kommen mir heute anstrengender vor als an den anderen Tagen. So freue ich mich auf die Ruhephasen um einfach auf dem Rücken liegend den Vögeln zuzuschauen. Ich erlebe das alles sehr bewusst. Danach treffe ich mich mit Mann und Hund am Café des Platzes und wir sitzen heute als einzige Gäste draußen auf dem kleinen Sofa und haben einen Platz in der Morgensonne. Ich genieße den Kaffee und meine Lieben. Mein Mann ist eingeweiht, er weiß, dass ich heute nicht viel sprechen möchte. Er weiß auch, dass ich sozusagen auf einen Impuls warte der mir signalisiert, wo und wann ich mit meinem Ritual beginnen kann. Abgemacht hatten wir, heute noch den Weihnachtseinkauf zusammen zu machen, denn in zwei Tagen ist Heiligabend. Nach dem Einkauf will ich mich dann vorbereiten, aber es kommt natürlich wieder alles anders. Mein Mann möchte eine Runde Boule spielen und hat den Hund mitgenommen, damit ich allein sein kann. Ich habe mir an einem kleinen Platz zwischen Vorzelt und Begrünung

einen Tisch aufgebaut mit meinen Ritualgegenständen, meine Mesa, die ich zu jedem meiner
Rituale feierlich herrichte. Diesmal steht sie direkt neben der großen Palme in unserem Bereich des Campingplatzes. So war mir auch
schnell klar, dass die Wurzeln dieser Palme
diesmal der Platz werden für die Widmung des
Steins mit meinen Wünschen am heutigen Vollmond. Inzwischen habe ich mein schwarzes
Kleid angezogen und den lila Schal umgelegt,
dazu die Kette mit den Amethysten. Ich fühle
mich sehr feierlich als ich das Teelicht in den
Behälter auf dem Tisch stelle, welches ich im
richtigen Moment entzünden werde.

Der weitere Ablauf ist nicht geplant, aber ich
habe alles vorbereitet. Ich weiß, dass der Vollmond heute gegen 18.50 Uhr sein wird. Um
nicht ins Grübeln zu fallen entschließe ich mich
spontan einen längeren Spaziergang am Meer
zu machen. Als ich am Platz der Boules-Spieler
vorbeikomme stelle ich fest, dass unser Hund
intensiv bellt und für Bert ein Spielen schlecht
möglich ist. Ich entscheide mich, den Hund einfach mitzunehmen. Ich hoffe auf Einsamkeit
und Ruhe am Strand, so wie beim ersten Vollmond, allerdings an einem anderen Ort. Hier
und heute ist allerdings alles anders. Der Strand
ist bevölkert von Hundebesitzern, die gerade
jetzt ihre Runde machen und es gibt einige Hindernisse zu überwinden. Als ich den Hund in
die Einsamkeit führen will ist er nicht bereit mir
zu folgen, legt sich in den Sand und bleibt

47

liegen. An einen weiten, ausgedehnten Spaziergang ist nicht zu denken, er zieht mich in Richtung Wohnwagen zurück. Ich bin entschlossen mich nicht in eine innere Haltung des Widerstandes bringen zu lassen. Ich möchte im Frieden und bei meiner Freude bleiben und lasse völlig los. So entscheide ich mich zurückzugehen. Der Hund ist inzwischen müde und durstig und freut sich im Wohnwagen seinen gemütlichen Platz einzunehmen. So gehe ich alleine wieder los und mache meinen Spaziergang am Meer. Es treibt mich in Richtung der Strandpromenade des nahegelegenen Ortes. Irgendwie werde ich geführt, alle Bedenken lasse ich fallen; "aber wenn es da zu voll ist, wie willst du dort einen ruhigen Platz finden...", geht mir durch den Kopf. Da ich diese Art Bedenken ja bereits kenne genieße ich einfach mein Gehen und den Weg, der sich mir gerade auftut, bin ganz bei mir und "lasse alle Sorgen und Ängste los um unbeschwert und frei zu sein"[10]. Als ich im Ort ankomme merke ich, dass heute sehr wenig Menschen auf der Promenade sind. Es sind hauptsächlich Spanier mit ihren Kindern, die ganz gemütlich auf der kleinen Mauer entlang der Promenade sitzen, zwei kleine Restaurants sind spärlich besetzt und es ist ein ruhiger, friedlicher Anblick. In einer Entfernung von 200 m entdecke ich eine alte, wunderbare Steinbank, die von der Sonne angestrahlt wird. Langsam bewege ich mich auf diese Bank zu und merke, dass die nähere Umgebung zu dieser,

meiner Bank, menschenfrei ist. Als ich mich
genau in die Mitte der Bank setze, stelle ich
fest, sie ist warm von der Sonne. Ich bin glücklich, bleibe vorsichtig sitzen um mich einzu-
richten. Dann sehe ich, dass die Sonne mir zent-
ral gegenübersteht und wenn ich die Augen
halb schließe, glitzert das Meer unglaublich. Es
sieht aus als würde ein funkelnder, tanzender
Lichtstrahl von oben nach unten aufs Meer fallen. Mein Gesicht wird von den Sonnenstrahlen
berührt und es fühlt sich unglaublich gut an. Ich
falle in eine leichte Meditation mit allen Sin-
nen, bekomme aber mit was um mich herum geschieht. In der Ferne höre ich die Stimmen von
Menschen, die sich fröhlich unterhalten, zwei
kleine Jungs fahren hin und wieder mit ihren
Rollern um mich herum, ich lächele ihnen zu,
nichts stört mich. Ich beginne mit dem Licht in
meinen Augen zu spielen und bin wie verzau-
bert, was für ein Lichtspektakel, es ist kaum zu
fassen, was mir da geboten wird. Zwischendurch sieht es aus als würde ein Himmel voller
Sterne aufs Meer herunterfallen. Ich werde zeit-
los, bleibe einfach sitzen, höre von der kleinen
Bar mit der netten farbigen Besitzerin, ruhige,
brasilianische Musik zu mir klingen und ich
habe das Gefühl, das alles bekomme ich gerade
geschenkt. Ein Fest der Sinne, das für mich erschaffen wurde um mit mir diesen Tag zu feiern. Mittlerweile ist es kühler geworden und ich
weiß, dass es gegen 16.30 Uhr sehr plötzlich
richtig feucht und kalt wird. Ich habe keine

Jacke dabei, denn ich bin einfach spontan in meinem schwarzen, leichten Kleid losgegangen. Ganz in Ruhe trete ich den Weg an und bin voll Vertrauen. Als ich beim Wohnwagen und dem Platz der Mesa an der Palme ankomme ist es 17.00 Uhr. Nun werde ich wieder unsicher, der Vollmond ist um 18.50 Uhr und was muss ich tun, schießt es mir durch den Kopf. Gut ist, dass ich mittlerweile selber über mich lachen kann. Ich entschließe mich, genau jetzt meine Widmungszeremonie zu machen. Ich zünde die Kerze an und setze mich einen Moment in einem Abstand zur Mesa hin und bin ganz bei mir. Den ausgesuchten Stein halte ich feierlich in meiner linken Hand. "Ich befruchte dich mit der Absicht eine weise Alte zu werden" sage ich in meinem Inneren. Als der Moment gekommen ist gehe ich zur Palme und lockere die recht harte Erde mit einem Gegenstand, mache eine kleine Vertiefung in den Boden, dann lege ich den Stein in die Erde an der Wurzel. Ich verschließe die Stelle wieder mit Erde und kleinen Steinen, die hier in Mengen auf dem Boden sind, begieße die Stelle mit dem frischen Wasser aus meiner Kanne, die ich bereitgestellt habe. Zum Schluss lege ich zwei große Herzsteine an die Palme. Es sieht sehr schön aus. Bei einer Nachbarin vom Platz sah ich einmal eine Palme, die rundum mit Herzsteinen belegt war. Ich war erstaunt, denn ich hatte noch nie solche großen Herzsteine gesehen. Ab dem Moment habe ich besonders auf diese Steine am Meer

geachtet und hatte zwei besonders schöne
Exemplare vor ein paar Tagen gefunden und zu
meiner Palme gebracht. Ich bin sehr zufrieden
mit der Ruhe in mir und der Feierlichkeit meines Rituals. Das Windlicht lasse ich an, es soll
solange leuchten wie der Wind und die Gegebenheiten es für nötig halten. Es ist 17.30 Uhr
als ich mit meinem Tun zu Ende bin, immer
noch keine offizielle Vollmondzeit, geht mir
durch den Kopf. Inzwischen ist mein Mann zu-
rückgekehrt und der Hund muss gefüttert werden, das Alltagsgeschehen oder "das goldene
Tun", wie der vietnamesische Zen-Meister
Thich Nhat Hanh es nennt, will getan werden
und wir haben noch nicht gegessen. Mit Ruhe
und Freude erwärme ich unser vorbereitetes Essen und füttere den Hund. Wir bleiben weiterhin größtenteils im Schweigen und genießen
unser gemeinsames Essen. Mein Mann weiß,
dass ich um 18.50 Uhr zu Vollmond draußen
sein möchte und treibt mich scherzhaft an,
"komm, sonst verpasst du noch den Mond".
Schön ist das, wir gehen nach draußen und der
Mond steht in seiner ganzen Schönheit und
Größe über unserem Platz. Ich genieße diesen
Anblick sehr und wir machen einen Abendspa-
ziergang mit dem Hund, gehen auch noch einmal zum Meer wo die Sonne vor 50 Minuten
untergegangen ist. Über dem Meeressaum ist
das Rot der Sonne noch zu sehen. Wenn ich
mich in Richtung des Campingplatzes umdrehe, sehe ich den Mond in seiner vollen

Schönheit. Als wir zurück zum Wohnwagen gehen bin ich unglaublich glücklich, alle sind zufrieden. Es war so gut, dass ich mich einfach in den Tag gleiten und durch den Tag führen lies. Was für ein wunderbarer Tag und dann kann ich noch 2 Stunden alleine bleiben, um den Tag ausklingen zu lassen. Dankbarkeit ist da, unglaubliche Dankbarkeit über mein Leben.

4. Vollmond

21. Januar 2019, Lanzarote/Fikus

Meine Eintragungen aus dem Tagebuch
21.01.2019, 20.30 Uhr

Ein interessanter Tag. Verschlafe und werde
erst mit bzw. nach dem Sonnenaufgang wach,
und zwar mit dem Satz zur heutigen Zeremonie
"ich befruchte dich (Ei/Stein) mit der Absicht
eine weise Alte zu werden." Dann gleiten wir in
den Tag mit der CD von Thich Nhat Hanh "Leben ist was jetzt geschieht"[11]. Der Text ist tief
und intensiv, es geht um Erdverbindung, Zei-
chenlosigkeit, Leben und Tod. Ich bin sehr berührt und unglaublich dankbar, dass ich diesen
4. Vollmond-Tag mit zwei Frauen aus meiner
Sangha verbringen kann. Nach unserer Meditation fangen wir spontan an Aquarelle zu malen.
Nach dem ausgiebigen Frühstück fragt mich
Gisela, mit der ich nun schon so viele Jahre im
Winter nach Lanzarote reise, ob ich nicht lieber
alleine sein möchte, heute an diesem besonderen Tag. Ich spüre in mich und merke, dass ich
sehr gerne in dieser angenehmen Gesellschaft
der beiden Frauen sein möchte. So fahren wir
später zusammen in einen Nachbarort und machen einen ausgiebigen Spaziergang am Meer.
Ich sondere mich von den anderen ab und suche
eine geeignete Gelegenheit für mein kleines Ritual. Ich habe einen Herzstein dabei, den ich auf

dem spanischen Festland am Strand von Balerma gefunden habe. Nun bin ich auf der Suche nach einem geeigneten Baum, Ort, wo ich den Stein der Natur übergeben kann. Wie immer habe ich keine Idee und lasse mich führen. Fühle mich leicht und beschwingt in dem Gefühl getragen zu werden. An einem schönen Hotel mit altem Baumbestand entdecke ich einen wunderbar blühenden Bougaville in allen Farben und fühle mich magisch angezogen. Ich versuche an diese herrlichen Büsche zu gelangen, gehe sogar in den Hof der Hotelanlage. Aber der Weg zu dieser Farbenpracht bleibt mir versperrt. Als ich mich umdrehe entdecke ich einen sehr alten Fikus und ich bin überglücklich, zumal im Umfeld meistens "nur" Palmen stehen. Ich liebe den Fikus und habe in meiner Wohnung in Köln schon seit Jahren einen solch wunderbaren Baum. Mit meinem mitgebrachten Löffel schiebe ich die Pilli (zerkleinertes Lavagestein) beiseite und lockere die Erde. Ich legen den Herzstein, den ich mit meinem Wunsch besprochen habe, in die Mulde und decke alles wieder zu. Nun begieße ich die Stelle mit dem mitgebrachten Quellwasser. Ich bin sehr zufrieden. Als meine Freundinnen wieder bei mir sind beenden wir unseren Spaziergang. Auf dem Rückweg strahlt der Vollmond groß und klar vom Himmel.

Am Abend in meinem Bett fühle ich mich reich beschenkt und ich bin dankbar über die Fülle dieses wunderbaren Tages.

5. Vollmond

19. Februar 2019, 21.00 Uhr
Blücherpark/Ahorn

Seit einer Woche sind wir zurück in Köln und ich hatte Eingewöhnungsschwierigkeiten. Ganz langsam komme ich erst wieder hier an. Schon gestern stand der Mond hell und klar über dem Blücherpark und ich dachte schon, ich hätte mein Vollmond-Ritual verpasst, aber wie gesagt, ich war noch nicht wirklich angekommen. Als ich mich dann vergewisserte, dass heute erst Vollmond ist, zog ich mich nach dem duschen sehr sorgfältig an. Wie immer schwarzes Kleid, schwarze Strumpfhose, der lila Schal, und wieder war ich in dieser wunderbar verbundenen Stimmung. Ein Blick in meinen Terminkalender zeigte mir, was heute zu tun war und ich entschied mich, alles in Achtsamkeit zu machen. Ich hatte eine ganz große Freude bei meinen Tätigkeiten und mit den Menschen denen ich heute begegnete. Für den frühen Nachmittag hatte ich eine Verabredung mit meiner Nichte und überlegte kurz, ob ich absagen soll. Ich freue mich, dass ich mich dagegen entschieden habe. So konnten wir einige wunderbare Stunden miteinander verbringen. Wir hatten uns nun mehrere Monate nicht mehr gesehen und gesprochen. Es war eine Freude beim Tee sich gemeinsam auszutauschen. So kam ich auf die Idee sie zu fragen, ob sie nicht später mit mir zusammen in den Park gehen wolle für mein Ritual. Unglaublich schön und leicht verlief alles und hat einen tiefen Eindruck auf sie und auf mich gemacht. Der Mond strahlte in so einer unglaublichen Schönheit und Größe vom Himmel, dass wir beide sehr berührt waren. Als ich dann einen großen, alten Ahornbaum gefunden hatte für mein Ritual nahm sie ganz selbstverständlich meinen Hund und ließ mich alleine. Zum Abschluss haben wir versucht den Baum mit unseren Armen zu umfassen, was uns nur ganz knapp gelang. Unsere Fingerspitzen konnten sich gerade mal berühren, aber wir hatten ein sehr starkes Gefühl der Verbindung.

Jetzt gerade aktuell kann ich spüren, dass sich schon viel in meinem Inneren gewandelt hat, und dass ich nicht mehr so streng mit mir und anderen bin.

Es ist ein echt spannender Prozess auf dem Weg zur Crone.

6. Vollmond

21. März 2019, Köln mein Garten/1. Apfelbaum

Und wieder einmal weiß ich nicht genau wie
ich mein Ritual heute machen werde. Seit 2 Tagen konnte ich schon den Vollmond in seiner
wunderbaren Größe und Schönheit am Himmel
bewundern. Als ich vor 2 Tagen abends mit
dem Hund im Blücherpark war, bin ich völlig
irritiert und denke es sei schon Vollmond. Groß
und leuchtend schaut der Mond im Dunkeln auf
mich herab, ich fühle mich sehr feierlich. Nun,
am Tag des Vollmondes wieder meine Unsi-
cherheit, wie gestalte ich dieses Mal meine
Widmungszeremonie. Am Vormittag bin ich 3
Stunden in Evas MalRaum und beginne ein großes Bild 120 x 120. Es war eine spontane Ein-
gebung meine Impressionen von Meer und
Sandsturm in Renesse festzuhalten. Genau vor
einer Woche hatte ich meinen 70. Geburtstag
und wollte den Tag unbedingt am Meer verbringen. Nun mische ich mir meine eigene Eitem-
pera und gebe mich dem Malen hin. Danach
gehe ich mit einer Freundin in ein Café und wir
haben sehr gute, nahe Gespräche. Ich fühle
mich rundum wohl und zufrieden. Als ich am
Abend mit meinem Hund die Gassi Runde im
Park laufe merke ich, dass es heute nicht ansteht
ein Ritual zu machen. Ich fühle mich unglaublich verbunden mit den Bäumen im Park, dem

Hund und dem Mond. So entscheide ich mich alles auf morgen zu verschieben.

Der 22.03.2019 ist ein unglaublich schöner Tag. Schon morgens beim Aufstehen strahlt die Sonne vom Himmel. Nach dem duschen ziehe mich festlich an, schwarzes Kleid lila Schal. Es fühlt sich so gut an und ich bin so sehr verbunden mit allem. Will nicht mehr denken, möchte nur den wunderbaren Tag mit Leib und Seele genießen. Ich gehe mit dem Hund in den Garten und er sucht sich ein Plätzchen in der Sonne. Nun fällt mein Blick auf den Apfelbaum, an dessen Stamm ich vor langer Zeit einen Buddha gestellt habe. Es ist mein Buddhabaum und ich meditiere gerne dort. Ich bleibe stehen und sofort ist klar, dass ich heute hier mein Ritual machen werde. Da der Baum schon so selbstverständlich zu mir gehört, war ich gar nicht auf diese Idee gekommen. Ich suchte mal wieder außerhalb nach besonderen Plätzen und hatte nicht gemerkt, wie wunderbar dieser Platz in meinem Garten ist. Meine festliche Kleidung gibt mir Halt und Feierlichkeit, so dass nun alles ganz von selbst geschieht. Einen schönen Stein hatte ich mir schon heute früh ausgesucht und er hat ganz selbstverständlich zu mir gesprochen. Ich erlebe es als absolutes Glück, nun nach 6 Vollmonden und meiner langen Reise endlich "Zuhause" angekommen zu sein. Der Stein findet seinen besonderen Platz mit meinen Wünschen und wird mit dem Wasser aus der Regentonne begossen. Danach verbringe ich sehr zufrieden einige Zeit im Garten.

Abends kommt meine Zwillingsschwester zu mir und wir machen Vorbereitungen für unsere gemeinsame Feier am nächsten Tag. Leider kommt es immer wieder zu Missverständnissen zwischen uns, die oft schwer zu erklären oder zu verstehen sind. Ich merke, dass auch hierbei mein Weg zur Crone hilft besser damit umzugehen und bin dankbar dafür.

Am nächsten Tag schrieb ich den folgenden Nachtrag in mein Tagebuch:

"Ich lerne so viel im Moment auf dem Weg zur Crone. So überdenke ich meine Gedanken und Handlungen, ja, ich möchte meine Eigenschaften verfeinern und das Ergebnis zeigt sich mir ganz klar."

7. Vollmond

19. April 2019, Euskirchen Stadtwald/Eiche

Ich merke immer mehr, dass ich mich absolut führen lasse und mich dabei leicht und getragen fühle. Ich weiß, dass ich meine Rituale in meinen ganz normalen Alltag mit einbauen muss und mittlerweile auch kann. Mein Vertrauen ist gewachsen und einfach da. Am Tag vor dem 7. Vollmond war ein intensiver Gartentag bei bestem Wetter. Wir haben zusammen den Feuerplatz fertiggestellt. Vor 5 Jahren hatte ich mir eine Feuerschale gekauft um regelmäßig Feuer zu machen. In meinem Alltag fand ich keine Zeit. Bert und ich pflastern im hinteren Bereich des Gartens eine 2-3 qm große, runde Stelle mit Steinen um die wir zuvor runde Bänke gebaut hatten. Alles ist perfekt an diesem Tag. Am Abend holen wir die Feuerschale aus dem Keller und ich sammele Gartenholz. Ich schichte alles gut zusammen mit etwas Pappe und Papier, Reisig, dann die größeren Holzstücke, die überall im Garten zu finden sind. Mit nur einem Streichholz entzünde ich das Feuer. Ich bin glücklich. Wir sitzen lange auf der Rundbank am Feuer und irgendwann sehe ich den Mond groß am Himmel, er scheint durch die Äste der Bäume zu uns herab. Ich nehme alles ganz tief in mich auf. Aber ich weiß auch, dass morgen erst Vollmond ist.

Am nächsten Tag sind wir zu meiner 93 Jahre alten Schwiegermutter in Euskirchen eingeladen. Es macht mir wirklich Freude mit ihr zusammen zu sein. Sie kann nicht mehr so gut laufen, aber sie strahlt und ist echt lustig. Wir gehen zusammen Kaffee trinken und ich bin ganz bei ihr. Als wir sie nach Hause gebracht haben, schlägt Bert vor im nahegelegenen Stadtwald von Euskirchen einen Spazierganz zu machen. Ich hatte mir von zu Hause einen Widmungsstein und Wasser aus meiner Regentonne mitgebracht um, falls sich eine Gelegenheit ergibt, mein Ritual zu machen. Dieser Stadtwald ist so großartig, er hat viele sehr alte Bäume und ich verspüre sofort den Impuls alleine ins Innere des Waldes zu gehen. Bert geht mit dem Hund auf den Wegen und wir trennen uns. Im Wald lasse ich mich einfach führen. Meine Gedanken, ich liebe Birken und da mache ich mein Ritual, lasse ich fallen. Ich gehe ohne zu denken weiter und bleibe auf einmal vor einem riesigen Baum stehen, der am unteren Stamm mit Moos bewachsen ist. Dieser Baum zieht mich magisch an, und als ich noch einmal einen anderen Baum "ausprobieren" möchte, wird klar das es nur dieser Baum sein kann. Es ist eine Eiche die älter als 100 Jahre sein muss. Ich halte meinen Stein in der linken Hand und verbinde mich mit dem Baum. Mein Wunsch eine weise Alte zu werden ist sehr intensiv; mit diesem Wunsch gebe ich den Stein in die Erde am Baum und begieße ihn mit dem Wasser aus meiner

Regentonne. Ich lehne mich an den Baum strecke meine Arme nach oben und lege Arme und Hände an die Rinde des Baumes. Es ist eine starke Verbindung zwischen mir und der Eiche. Ich fühle mich sehr feierlich. Bereits am Morgen hatte ich nach dem Duschen mein schwarzes Kleid und den lila Schal angezogen und konnte feststellen, dass diese Kleidung mir augenblicklich Würde und Feierlichkeit verleiht. Ja, es hat sich schon einiges verändert in meinem Inneren seit dem 1. Vollmond auf dem Weg zur Crone. Oft lese ich die Hinweise und Übungen die uns Zarah gegeben hat als Unterstützung in diesen 13 Monaten. Ich stelle fest, dass ich einige Dinge davon in meinen Alltag übernommen habe oder zumindest den Fokus daraufsetze.

Es macht mich glücklich die Verbindung mit Frauen und Frauenkreisen zu suchen und zu leben. So macht mir auch der neue Walkingkreis mit den Nachbarinnen große Freude. Oder aktives Warten, wie wichtig ist das inzwischen bei meinen Entscheidungen geworden. Es ist in der Tat eine offene, neugierige innere Haltung dem Leben gegenüber.

8. Vollmond

18. Mai 2019, Köln Grün-Gold Blücher-park/Ahorn

Schon morgens um 9.30 Uhr stimme ich mich auf diesen besonderen Tag ein. Nach einer genussvollen Dusche ziehe ich mir mein schwarzes Kleid an und lege den lila Schal um. Es ist wie eine 2. Haut und versetzt mich immer in diese besondere Stimmung, die einfach zu dem Tag des Vollmond-Rituals gehört. Ich trinke achtsam meinen Tee und übe mich in Gleichmut und Freude, denn ich weiß es wird ein sehr anstrengender Arbeitstag werden. Heute sind Turniere auf der Clubanlage im Blücherpark. Ich nutze die frühe Morgenstunde und mache mein Ritual spontan am Ahorn am Rande des Clubgeländes. Ich äußere wieder meinen Wunsch eine weise Alte werden zu wollen, deponiere meinen Stein am Ahorn und begieße ihn mit Wasser. Ich versuche Klarheit zu finden über meine Wünsche und das was durch Intuition aus mir heraus möchte.

Es ist nicht einfach für mich die Worte in meinem Inneren zu finden, daher bleibe ich bei meinem Wunsch eine weise Alte zu werden und spreche es wie ein Mantra. Langsam komme ich mir etwas eingeschränkt vor mit diesem immer wiederkehrenden Wunsch. Aber was soll ich tun, es hat sich mir noch nichts wirklich gezeigt.

Der Arbeitstag war intensiv und lang. Erst um 23.00 Uhr komme ich nach Hause zurück. Beim Reflektieren des Tages und meiner Situation stelle ich fest, dass in der Tat schon einiges geschehen ist und ich mir eingestehen muss, dass ich bereits 3 Visionen auf dem Weg zur Crone hatte in den letzten Monaten:

"Ich muss eine Ausstellung machen mit großen Bildern"

"Ich will in der Drogenberatung tätig sein"

"Ich möchte Imkerin werden und wieder etwas für den Naturschutz tun"

Warum bin ich nur so ungeduldig mit mir, ich sprudele über von Ideen und bin verbunden mit allem. Ja, ich bin auf dem Weg, auch wenn noch nicht alles laut aus mir herausschreit, so geschieht etwas in mir. Ich brauche es nur fließen zu lassen.

Ich ruhe mich aus nach diesem anstrengenden Tag und am anderen Abend auf dem Gassigang mit Karlsson sehe ich den Vollmond noch einmal in seiner ganzen Schönheit und bin sehr zufrieden.

9. Vollmond

16./17. Juni 2019, Köln-Ehrenfeld mein Garten/2. Apfelbaum

Dieses Ritual habe ich spontan vorgezogen und bin sehr glücklich mit der Entscheidung. Es ist Turnierwochenende und die Arbeit schafft uns schon sehr. Am Sonntag gehen wir abends nach der Arbeit in den Garten und machen ein Feuer in der Feuerschale. Es ist uns eine absolute Freude einfach zusammen am Feuer zu sitzen mit dem Hund, nach der Anstrengung des Tages. Ich denke nicht mehr, lasse es einfach geschehen. Ich schaue in den Himmel und sehe den Mond in seiner vollen Schönheit über den Bäumen. Spontan mache ich mein Ritual am 2. Apfelbaum und Karlsson setzt sich neben mich. Dann lassen wir den Tag am Feuer ausklingen und es geht mir so gut. Am Morgen bin ich absolut zufrieden mit meiner Entscheidung das Ritual vorgezogen zu haben, denn als ich abends nach der Arbeit durch den Park gehe ist vom Mond nichts zu sehen, er hat sich hinter den Wolken versteckt.
Glück und Ruhe begleiten mich.

10. Vollmond

16. Juli 2019, Köln-Ehrenfeld in der Wohnung/Hibiskus

Heute am 19. Juli 2019 mache ich erst mein Ritual, denn ich war schon sehr traurig, weil ich den Vollmond, diesen MOND des Juli's, gar nicht mitbekommen habe. Und dann geschah gestern Abend etwas ganz Erstaunliches, bei offenem Küchenfenster war ein Grashüpfer ins Zimmer gekommen. Bert ging ganz vorsichtig zu ihm, nahm ihn in die Hand und führte ihn sacht aus dem Fenster aufs Dach. Als Bert schlafen gegangen war, wollte ich mir im Badezimmer, das gegenüber der Küche liegt, also auf der anderen Dachseite, die Zähne putzen und da sitzt wieder ein Grashüpfer, oder vielleicht sogar der gleiche, und ich bin sehr erstaunt. Er sitzt auf dem Kabel meiner elektrischen Zahnbürste und wäre beinahe heruntergefallen, als ich mir diese nehmen wollte. Mit einiger Scheu berühre ich ihn mit der Hand und er fühlt sich sehr gut und lebendig an, ich streichele ihn ein wenig. Dann befördere ich ihn achtsam aus dem Fenster.

Heute früh war klar ich muss nachsehen, was mir dieses Krafttier sagen will.

Hatte ich am Morgen noch vor mein 10. Ritual im Garten zu machen geschah dann etwas ganz

anderes. Ich gehe duschen, ziehe mein schwarzes Kleid an und den lila Schal und setze mich zur Meditation in mein schönes Zimmer. Ich bin ganz achtsam und feierlich, arbeite mit der Glocke und lese spontan den Text den mir das Krafttier "Grashüpfer" geschenkt hat. Ich bin sehr gerührt und verbunden über diese Botschaft und über die Leichtigkeit die damit verbunden ist. Spontan entschließe ich mich mein Ritual oben im Schlafzimmer zu machen. Dort steht mein alter, sehr geliebter, großer Hibiskus aus Tunesien, den ich schon all die Jahre bei mir habe. Es ist mir eine Ehre meinen Stein gut im Blumentopf zu verbergen mit meinem Wunsch. Und siehe da, heute geht es mir einfach von den Lippen und ich spreche im Stillen: "Ich widme diesen Stein mit dem Wunsch mehr Leichtigkeit in meine Wünsche und mein Leben zu bringen".
Es fühlt sich so gut an mit dieser Idee weiter zu sein.

Alles darf kommen und gehen, ich bin bei mir und neugierig auf alles was noch geschieht.

Der nun folgende Text gehört absolut in diesen Zeitabschnitt, der Grashüpfer hat mir auf die Sprünge geholfen.

Krafttier Grashüpfer
(Text von Erika Flickinger)

Er lässt sich selten sehen, doch wenn er in deinem Leben auftaucht möchte er dir zeigen, dass du mehr Leichtigkeit in deine Gedanken bringen solltest.

Auch zeigt dir dieses kleine grüne Wesen, dass du in deiner Entwicklung schon weiter vorangeschritten bist, als manch anderer und, das nun für dich eine Zeit anbricht, in der du mit viel Leichtigkeit große Schritte nach vorne unternehmen kannst, du musst nur bereit sein, große Sprünge zu wagen.

Er zeigt dir, wie leicht es sein kann, Sprünge zu machen, die einen weiterbringen können.

Lasse dich von ihm inspirieren, deine Gedanken springen zu lassen umso neue Möglichkeiten zu entdecken.

Der Grashüpfer will dir sagen, es muss nicht immer schwer sein seine Wünsche zu erfüllen, im Gegenteil, deine Gedanken es nicht zu können bremsen dich ab. Bringe die Leichtigkeit dieses Wesens in dein Denken und lasse dich überraschen.

Du sollst nicht in deinem Denken verharren und nicht um tausende Ecken grübeln, sondern einfach einmal den Sprung ins Ungewisse wagen und staunen was dich dort erwartet.

Wenn du mehr Leichtigkeit in dein Leben und deine Pläne einfließen lässt, kannst du einen wundervollen Fortschritt erwarten.

Wage Neues, sei voller Leichtigkeit und habe Mut zu deiner eigenen Intuition und eben dir damit selbst den Weg auf dem du schneller als erwartet vorwärtskommst.

In manchen Ländern wird der Grashüpfer als Symbol für Reichtum und Überfluss verehrt, mache dir ihre Symbolik zu nutzen, indem du dich von ihrer Leichtigkeit der Fortbewegung anstecken lässt.

Der Grashüpfer gehört auch zu den Wesen, die sich häuten können und gibt dir damit ein Zeichen, deine alte Haut abzustreifen und dein neues Ich zu begrüßen.

Weiterhin steht der Grashüpfer auch für Asketentum innerhalb einer Gruppe, was dir sagen möchte ist, auch wenn andere auf dich einreden einen bestimmten Weg zu folgen, bleibe da wo deine Intuition es dir rät oder gehe neue Wege wenn dein Innerstes dich dazu drängt, unabhängig davon, was andere für dein Bestes halten.

Trägst Du eine Idee oder einen Plan schon länger mit dir herum, so will sie dir sagen, nun ist die Zeit zur Umsetzung gekommen, wage den ersten Sprung in deine Träume und Pläne.

Außerdem teilt dir seine Symbolik mit, dass es nun Zeit ist, alles loszulassen, was dich beschwert, aufhält, traurig macht, denn vor dir wartet so viel Neues.

Durch ein neues leichtes Denken und Handeln werden dir die Schönheit und Leichtigkeit deiner Umwelt wieder richtig bewusst und du erkennst, dass du ein Teil all der Wunder um dich herum bist.

Auch ist er mit seinen Farben innerhalb der Natur ein Meister der Tarnung, fällt aber gerade dadurch an für ihn ungewohnten Orten besonders auf.

Dies will dir mitteilen, dass du dich mehr in deiner für dich natürlichen Umgebung aufhalten sollst, um deine Ideen und Pläne auf deine eigene Art und Weise umzusetzen.

Aber auch, dass du als eigenständig denkender Mensch, mit eigenen Plänen zwischen allen anderen auffallen wirst, wie ein leuchtend grüner Grashüpfer. Du wirst als das erkannt werden was du bist, eine Seele mit eigenem Gedankengut, ein Mensch der die Schwere des Allgemeindenkens eingetauscht hat gegen die Leichtigkeit des Seins.[12]

11. Vollmond

15. August 2019, Köln-Ehrenfeld, mein Garten,
am Mirabellenbaum

Es ist Mittagszeit und ich sitze am Feuer im
Garten. Der Morgen begann mit einer Enttäu-
schung. Ich hatte mich so sehr auf eine Freundin gefreut, die sich mit mir im Garten verabre-
det hatte. Nun hat sie kurzfristig abgesagt. Ich
habe mir vorgenommen einen guten, freudvollen Tag zu verbringen, so habe ich mir alleine
das Feuer angemacht und genieße es sehr in die
Flammen zu schauen. Kurz zuvor habe ich
mein Ritual am Mirabellenbaum gemacht. Dieser Baum hat mir in den letzten 2 Wochen über
40 kg Früchte geschenkt. Soviel hat er noch nie
getragen. Ich habe mein Ei/Stein gewidmet mit
dem Wunsch "eine lebenslang lernende und Er-
fahrung sammelnde Frau zu sein". Dieser Satz
war schon heute früh präsent und so war es ganz
klar, dass es heute dieser Herzenswunsch sein
muss beim Ritual. Karlsson, mein Hund, sitzt
im Currykraut in der Nähe der Feuerstelle und
schaut gebannt nach Mäusen. Ich bin nun sehr
bei mir und es gibt keinen Groll mehr über die
plötzliche Absage meiner Freundin. Vor einigen Stunden hatte es stark geregnet und nun genieße ich den Geruch von feuchter Erde und
Feuer. Alle aufkeimenden, störenden Gedanken, dass meine Schwester meinen an sie ge-
schriebenen Brief, immer noch nicht

beantwortet hat, kann ich fallen lassen. Ein Steinherz und mein türkisfarbener Stein liegen neben mir auf der Bank, ich bin verbunden. Der Satz, "die Fülle der Ernte genießen", kommt mir in den Sinn, und ich glaube, es geht dabei nicht nur um die Mirabellenernte.

Als ich am Abend einen Spaziergang im Blücherpark mache, um nun endlich den vollen Mond zu sehen, sehe ich gar nichts. Der Mond ist völlig hinter einer dichten Wolkendecke verschwunden. Zwei Abende zuvor hatte ich ihn allerdings in stattlicher Größe am Himmel gesehen. Ich bin sehr zufrieden, dass ich heute Vormittag ein Feuer gemacht habe, das meinem Ritual einen besonderen Rahmen gegeben hat.

Glück ist da über diesen wunderbaren Tag.

25. August 2019, habe vor einigen Tagen eine E-Mail von Zarah bekommen als Vorbereitung unserer Widmungs-Zeremonie am 5. Oktober 2019.

Was hat sich gezeigt?

Was weiß ich jetzt? Was fühle ich?

Wofür bin ich bereit zu gehen?

Welcher Aufgabe möchte ich mich widmen?

Wie lautet meine Herzenssehnsucht für die 4. Lebenszeit?

Mit den obigen Fragen sollen wir uns in den Tagen vor der Zeremonie befassen und damit unsere innere Visionsreise seit der Crone-Crowning-Ceremony rekapitulieren.

Diese Sätze gehen mit mir in Resonanz. Ich kann klar spüren, es bewegt sich etwas in meinem Inneren, wenn ich mir diese Fragen stelle.

Was hat sich gezeigt?

Da sich im Laufe der Monate 3 Dinge gezeigt haben (siehe Seite 64), die alle gleich wichtig zu sein scheinen, ist es nicht so einfach mich festzulegen.

Zuerst war eindeutig der Wunsch, sozusagen der Auftrag "große Bilder zu malen", eine Ausstellung zu machen. Hierzu gibt es eine lange Vorgeschichte die mit meinem Vater und meinem verstorbenen Ex-Mann zu tun hat, der Kunstmaler war. Diese Geschichte hat mit Versagensangst zu tun, und mit dem Satz "ich bin nicht gut genug". Ganz selbstverständlich und natürlich habe ich mich zu Beginn der 13 Monde auf dem Weg zur Crone getraut große Bilder zu malen. Ich war überwältig mit welcher Freude und Leichtigkeit mir das Malen von der Hand ging. Diese Bilder sind nun ein Bestandteil meines Zuhauses geworden und ich habe Freude daran. Besuchern, die danach fragen, sage ich gerne, dass sie von mir sind. Für mich ist es selbstverständlich geworden, mich damit zu zeigen. Indes ist der Gedanke, eine Ausstellung zu machen, im Laufe der Zeit in den Hintergrund gerückt.

Stattdessen tauchte auf einmal, sozusagen aus einem Traum, die Vision auf, "Drogenberatung zu machen". Das ging einher mit Gesprächen, die ich mit Leuten führte, die mein Buch über Alkoholismus und Co-Abhängigkeit gelesen hatten. Dazu kam meine Verbindung zur Clanmutter Mona Polacca, deren Foto in der Hütte mich magisch angezogen hatte bei unserer

Zeremonie im Oktober 2018. Ich erfuhr von Zarah, dass sie seit über 30 Jahren in der Drogenberatung in Arizona/USA tätig ist, um den entwurzelten, jungen Männern aus dem Stamm der Hopi, wieder eine Lebensperspektive zu geben. Die Zeit, in der ich mich mit diesem Thema intensiv beschäftigte, hat mir schlaflose Nächte beschert. Ich konnte klar erkennen, dass ich damit überfordert war. Ich hatte aus meiner eigenen Lebensgeschichte heraus so lange mit dem Thema zu tun und wollte einfach nicht mehr dahin. Ich hoffte inständig, dass der große Geist nicht von mir verlangen würde, diesen Weg zu gehen. Was sich jedoch auch zeigte war mein lockerer Umgang mit meinem Buch "Wie zwei Schwalben im Flug"[13], das ich zu diesem Thema geschrieben habe. Es gab keinerlei Scham mehr darüber, dass es meine Familiengeschichte ist. Und auch die Gespräche mit Menschen, die mich auf mein Buch ansprachen, waren leicht. Wenn ich gebeten wurde, sozusagen als Expertin, konnte ich gute Hinweise geben zu Therapeuten, Gruppen oder einfach nur Zuhören und von meinen Erfahrungen sprechen. Plötzlich fühlte sich das alles sehr leicht und gut an.

Und dann, genauso aus heiterem Himmel kam der Wunsch wieder mehr für den Naturschutz zu tun. Ich hatte in meinem Garten schon im letzten Jahr eine bunte Blumenwiese für Insekten angelegt. In dieser Zeit lieh mir eine

Freundin das Buch die Bienenhüterin von Sue Monk Kidd[14], das mich sehr begeisterte. Ich hatte immer Angst vor Bienen und Wespen, aber es war auf einmal ein ganz starker Wunsch in mir mich mit diesen Tieren näher zu befassen. Ich habe inzwischen einen Bienen-Schnupperkurs gemacht, der mir einige neue Einblicke gegeben hat in die mir bisher fremde Welt. Ich habe mich daher entschlossen im nächsten Jahr an Imkerkursen teilzunehmen.

Was weiß ich jetzt? Was fühle ich?

Wenn ich rekapituliere was am Anfang der 13 Monde stand kann ich spüren, dass bei mir noch ganz viel "Wollen" im Vordergrund stand. Als Beispiel fällt mir jetzt besonders die Geschichte mit meiner Zwillingsschwester ein. Ich wollte unbedingt eine gute Beziehung zu ihr haben. Hatte mir vorgenommen, alles dafür zu tun, damit sich unser Kontakt verbessert. So sollte unser gemeinsamer, besonderer Geburtstag auf jeden Fall auch für sie eine große Freude werden. Dazu war ich bereit alles zu tun, damit sie sich wohlfühlen konnte. Wäre es nach mir gegangen, so hätte ich keinen Geburtstag gefeiert, wäre einfach noch etwas länger auf Reisen geblieben. Oh je, was habe ich mir da nur vorgenommen. Ich weiß jetzt, dass wir uns bisher über diese, meine Bemühungen nicht nähergekommen sind. Mein an sie gerichteter, offener, achtsamer Brief blieb bisher unbeantwortet.

Das alles tat mir eine ganze Zeit lang sehr weh und ich konnte es nicht begreifen. Heute weiß ich, dass es nicht meine Aufgabe ist, das Verhältnis zu meiner Schwester mit aller Macht zum Besseren zu wenden. Sie ist für ihre eigenen Gefühle selbst verantwortlich. Ich mag nicht mehr die Schuldige sein. Wenn sie sich schlecht fühlt, nur weil ich so lebe, wie ich lebe, dann ist es nicht meine Schuld. Egal wie sehr ich mich bemühe ihr gegenüber achtsam zu sein, es ist nie genug. Das ist jedenfalls mein Eindruck.

Ich habe zurzeit eine heitere Gelassenheit in mir, auch was meine Beziehung zu meiner Schwester anbelangt. Ich weiß, dass ich alles getan habe was in meiner Macht steht. Ich habe das Vertrauen, dass sich unser Verhältnis im Laufe der Zeit verbessern wird, das spüre ich. Ich habe Zeit und meine Türe ist offen, und ich kann sie jederzeit als meine Schwester wieder in meine Arme nehmen. Das fühlt sich sehr gut und kraftvoll an.

Wofür bin ich bereit zu gehen?

Ich bin mir noch nicht sicher, da sich im Laufe der Zeit drei entscheidende Dinge gezeigt haben.

Klar sagen kann ich allerdings auf die Frage: "Wofür bin ich bereit zu gehen?" Ich kann aus vollem Herzen und mit Freude auf den Weg der Bienenhüterin gehen, mit allem was ich dabei noch lernen kann und muss.

Das Malen der großen Bilder ist sozusagen als Nebenprodukt, als freundvolle Bereicherung in meinen Alltag gekommen.

Klar erkennen kann ich, dass Drogenberatung, im herkömmlichen Sinne einer Drogenberatungsstelle in öffentlichen Einrichtungen, nicht mein Fall ist, und ich nicht dafür gehen kann. Wenn es sich allerdings ergibt bin ich offen zu Gesprächen mit Menschen über dieses Thema.

Welcher Aufgabe möchte ich mich widmen?

Ich möchte mich den Bienen widmen unter dem Aspekt des Naturschutzes. Dabei geht es mir nicht an erster Stelle darum selber Honig zu produzieren. Auch hier werde ich im nächsten Jahr mehr Informationen über den Verein Stadtbienen erhalten. Ich freue mich darauf noch ganz viel zu lernen über dieses Thema.

Wie lautet meine Herzenssehnsucht für die 4. Lebenszeit?

Ich möchte meine übermäßige Geschäftigkeit, die ich mir durch mein neues Pachtprojekt selber auferlegt habe, überdenken und gut überlegen was ich tun muss, damit ich zur Ruhe komme. Ich will mir Zeit nehmen um mehr in der Natur zu sein, und ich möchte die Zeit haben offen zu sein für neue Begegnungen mit Menschen, auch mit den Menschen, die ich im nächsten Jahr beim Imkern kennenlerne. Ich habe das Bild meiner Großmutter Katharina vor Augen, die ich sehr geliebt habe. Sie hatte ein offenes Ohr, besonders für uns Kinder. Ich sehe mich auf ihren Schoß sitzen und sie streichelt mir über den Kopf. Sie hatte Zeit uns zuzuhören und Trost zu spenden. Als Kind war sie mein großes Vorbild in ihrer Einfachheit und Herzenswärme. Schon damals hatte ich den Wunsch, so zu werden wie meine Großmutter. Ich finde es erstaunlich, dass ich nun, selbst auf dem Weg zur Crone, wieder den Wunsch habe, wie sie zu werden. In diesem Sinne freue ich mich auf die 4. Lebenszeit.

Freitag, der 30. August 2019, 6.30 Uhr

Einfach nur schreiben, zwischen Aufwachen und Traumwelt. Wer ist der Denker, wo kommt das alles her was da fließen will durch meinen Kopf. Ich bin noch nicht wirklich wach und werde überschüttet von dieser Flut von Gedanken und Bildern. Mein Zeitgeschehen festhalten wollen, das ist gerade unglaublich wichtig. Alles fließt zusammen. Die viele, intensive Arbeit im Verein, die Probleme mit meiner Schwester, die sich vielleicht doch noch auflösen können, die Literaturgruppe, der ich angehöre, mein eigener Weg auf dem Weg zur Crone, die Bücher die ich durch Zarah kennengelernt habe und last but not least Elke Heidenreich und ihr Buch "Alles kein Zufall"[15], das ich vor kurzem gelesen habe.

Hört sich vielleicht etwas wirr an, was ich da gerade niedergeschrieben habe. Für mich gehört es aktuell alles zusammen und ergibt ein Ganzes. Es ändert sich etwas in meinem Sein und das erfreut mich. Seit einiger Zeit möchte ich einen Beitrag leisten in meiner Literaturgruppe, indes fehlte mir bisher der Mut mich wirklich mit Beiträgen zu beteiligen.

Ich selber bin sehr geprägt, von guter Literatur. Dank meines Vaters fand ich in seinem Bücherregal im Alter von 14 Jahren ein Buch vom

Entstehen der Welt und den Gestirnen das ich regelrecht verschlungen habe.

Beim Lesen hatte ich eine große Ehrfurcht über diese Unendlichkeit, damit einher ging eine tiefe Todesangst, mit der ich noch sehr lange zu tun hatte. Trost fand ich beim ersten Buch über Buddha[16] und den Buddhismus. Ich muss damals wohl 16 Jahre alt gewesen sein. Meine Mutter war, wie viele Menschen in dieser Zeit, im Bertelsmann Bücherring und wollte gerne, dass wir uns auch Bücher bestellten. Die meisten Bücher, fand ich zu langweilig für mich, aber das Buddha Buch zog mich magisch an. Als Kind eines atheistischen Vaters hungerte ich nach Spiritualität. Dieses alte Buch habe ich heute noch bei mir und hüte es wie einen Schatz.

Es folgten in den nächsten Jahren Bücher von Wolfgang Borchert, John Steinbeck, Sartre, Simon de Beauvoir, Dürrenmatt, Goethe und, und.

Zu meiner tiefsten Büchererfahrung in dieser Zeit gehören die Bücher von Hermann Hesse, die ich anfing mit 19 Jahren zu verschlingen. Mit dem Steppenwolf[17], habe ich mich stark identifiziert. Hesse beschreibt u.a. ein Zuhause mit gebohnertem Treppenhaus und Gummibaum, als einen Ort der Kleinbürgerlich- und Spießigkeit. Aus dieser Atmosphäre wollte auch ich unbedingt entfliehen.

Hesses Buch Glasperlenspiel[18] blieb mir lange Zeit verschlossen. Erst im Alter von 33 Jahren, bei einem einjährigen Aufenthalt auf einer griechischen Insel war es das einzige deutsche Buch, das ich bei mir hatte.

Ich sehe mich noch heute mit meinem damaligen Partner beim Licht der Petroleumlampe auf dem Bett im kleinen Häuschen am Meer sitzen und dieses Buch am Abend vorlesen.

Ein Leben ohne Bücher kann ich mir nicht vorstellen.

Wenn ich nun wieder ins "Jetzt" zurückkomme denke ich an die Bücher mit denen ich mich aktuell befasse.

Zarah hat uns zwei Bücher empfohlen, die mich sehr beeindrucken.

"Alles könnte anders sein" von Harald Welzer[19]

"Die schönere Welt, die unser Herz kennt, ist möglich" von Charles Eisenstein[20]

Im Buch von Eisenstein hat mich ein Vers tief bewegt, den er als Einstieg in sein Kapitel "Intersein" gesetzt hat. Bisher kannte ich diesen Begriff nur von meinem
Lehrer Thich Nhat Hanh.

Dieser Vers lautet wie folgt:

"Ich bin gar nicht sicher, ob ich tatsächlich existiere.

Ich bin alle Schriftsteller deren Bücher ich las, all die Frauen (Anm. der Schreiberin; all die Männer), die ich liebte, und all die Städte, in denen ich war".

(Anm. Jorge Luis Borges)[21]

Ja, so ist es auch für mich. Ich habe so viel erfahren durch die Bücher die ich las und sie haben mich geprägt, viel mehr noch als meine Familie. Ich habe mich wiedergefunden und verstanden gefühlt in für mich wichtigen Büchern, hatte das Gefühl von Seelenverwandtschaft, wenn ich glaubte, keiner in meiner realen Umgebung sei in der Lage mich zu verstehen.

Durch die beiden Bücher "Alles könnte anders sein" und "Die schönere Welt, die unser Herz kennt, ist möglich" fühle ich mich unterstützt und glaube daran, dass es sich lohnt weiter mitzugestalten an einer besseren Zukunft und ich halte es für möglich, dass sich etwas zum Positiven ändern kann. Ich weiß, dass ich etwas dafür tun muss.

Ich werde die Zeit, die mir noch verbleibt, dazu nutzen das Leben aktiv mitzugestalten. Ich möchte es mir nicht bequem machen und glauben, irgend jemand wird es schon richten. Heute morgen war ganz klar, ich bin noch hier und ich habe viele Erfahrungen und die möchte ich gerne in eine gute Zukunft, auch für die nächsten Generationen, mit einbringen. Das fühlt sich sehr gut für mich an.

Manchmal ist es nötig wieder durch persönliche Schwierigkeiten hindurchzugehen, um eigene Fehler zu erkennen bzw. die Gründe zu erkennen, die einen am Voranschreiten hindern. Nun darf ich milder werden mit mir selber und mit allem was mir begegnet. Ich kann wieder einen Schritt nach vorne tun. Der Konflikt mit meiner Schwester ist immer noch schmerzlich und nicht ganz geklärt. Sie sagt, ein Brief an mich sei unterwegs. Diese Auseinandersetzung mit ihr war absolut wichtig und richtig, denn wir konnten uns neu positionieren. Ich hoffe von Herzen, es wird alles gut.

Carpe diem

12. Vollmond

14. September 2019, gegen 5.30 Uhr, Köln-Eh-renfeld

Ich werde wach, weil ich Bert neben mir ver-misse, höre Karlsson leise an meinem Ohr schnarchen, ich wundere mich, warum ich so wach bin. Als mein Mann zurück ins Bett kommt sagt er; "sieh mal, der Vollmond!" Ich schaue hoch zum Dachfenster unseres Schlaf-zimmers und sehe den Mond in seiner ganzen Schönheit durch das Fenster scheinen. Mein Versuch weiter zu schlafen gelingt nicht und ich gehe nach unten um zu schreiben. Bin etwas durcheinander gekommen mit den Monden, ist es denn heute wirklich der 12. Vollmond nach unserer Zeremonie im letzten Oktober? Es kommt mir in diesem Moment nicht darauf an, ob es richtig ist was ich denke, ich möchte meine Gedanken und Gefühle einfach Revue passieren lassen. Gestern war mein Sohn bei mir und wir hatten einen schönen, gemeinsa-men Abend. Ich bin glücklich damit, dass wir uns jetzt alle 14 Tage an einem Freitag zu eini-gen gemeinsamen Stunden verabreden konn-ten. Als ich Anfang des Jahres von einer länge-ren Reise zurückkam konnte ich ihm sagen, dass ich es schade finde, dass wir uns so selten sehen. Seit dem treffen wir uns regelmäßig. Der

Austausch mit ihm ist intensiver geworden und ich genieße es sehr etwas von seinem Leben zu erfahren. Nächste Woche ist die Hochzeit seiner 20 Jahre älteren Halbschwester und das bringt mich nochmal in die Vergangenheit zurück. Ich spüre, wie es mich seit Wochen beschäftigt, da ich mit der Familie meines verstorbenen Ex-Mannes zusammentreffen werde. Das ist nicht einfach für mich. Auf jeden Fall bin ich gespannt, wie das Zusammentreffen sein wird, und freue mich, dass Bert mich begleitet. In Bezug auf meinen Sohn hat sich also im Jahr der werdenden Crone einiges verändert. Da ich meine Wünsche äußern konnte, ist mehr Nähe entstanden.

In Bezug auf meine Zwillingsschwester ist mir das leider nicht gelungen. Hier muss ich meine Gedanken und Gefühle sehr aufmerksam anschauen. Mein langer, offener, achtsamer Brief fand zwar inzwischen eine Beantwortung, aber keine zufriedenstellende Klärung unserer Situation. So konnte ich auch nur in einer kurzen Rückantwort zusammenfassen: "Ich halte fest, dass wir beide den Wunsch haben uns besser zu verstehen. Daher sollten wir das Trennende vermeiden und das Gemeinsame mehr unterstützen" Sie hatte eine wunderschöne Karte mit vielen Herzen ausgesucht, für die ich mich nur bedanken konnte. Aber ihre Worte brachten mir keinen Frieden und machten mich traurig. So schrieb sie den Satz: "Wahrscheinlich bekommen wir das in diesem Leben nicht mehr geklärt".

Meine diplomatische Antwort sollte Frieden schaffen, aber im Laufe der Zeit stelle ich fest, dass wir uns so nicht näherkommen können.

Die von meiner Schwester gemachten Anschuldigungen mir gegenüber, in dieser so schönen Herzkarte, lassen mich in der Nacht aufschrecken und ich verstehe nicht, was sie mir vorwirft. Sie kann ihre Gefühle von Eifersucht nicht mehr verleugnen und stehe dazu schreibt sie mir. Gleichzeitig sagt sie, dass ich mich immer in den Vordergrund dränge. Ich begegne ihr freundlich und liebevoll, merke allerdings, dass im Moment keine tiefere Nähe entstehen kann. So ist genau das, was ich mir am Anfang des Jahres vorgenommen habe, einen besseren Kontakt zu ihr aufzubauen, gescheitert. Ich kann spüren, dass ich gerne mein Leben mit all dem Potential, das mir zur Verfügung steht, leben möchte, ohne dabei darüber nachdenken zu müssen, dass sich meine Schwester zurückgedrängt fühlt. Es ist nicht meine Absicht ihr zu schaden und das weiß sie.

Es macht mich traurig, dass ich nun bei der 12. Vollmond-Nacht auf dem Weg zur weisen Alten immer noch keine Lösung für dieses, für mich so wichtige, Thema mit meiner Zwillingsschwester gefunden habe. Vielleicht muss auch das alles nochmal angeschaut, aufgeschrieben und nicht versteckt werden, damit es transformiert werden kann.

Mittlerweile ist es 6.40 Uhr und ich sehe, dass der Himmel hellrosa wird, ein neuer Tag beginnt und ich bin glücklich, freue mich auf diesen Tag und lasse mich führen vom Universum, bin neugierig wo ich heute mein Ritual machen werden und welcher Baum es sein wird, denn im Moment habe ich, wie meistens, noch keine Ahnung. Gelernt habe ich bei den letzten Monden, dass ich einfach vertrauen muss und dann werde ich auf wunderbare Weise geführt. Das macht meinen Weg leicht und fröhlich.

12. Vollmond, Ritual in Köln-Ehrenfeld, Rosenbaum

15. September 2019

Das Ritual des 12. Vollmondes mache ich am Sonntag, den 15. September 2019 morgens in meinem Garten an dem kleinen Rosenbäumchen. Nachdem ich gestern zu müde war hat sich diese Situation ganz natürlich ergeben. Ich gehe schon früh mit Karlsson auf unsere morgendliche Runde und freue mich über meinen schönen Garten. Diesen kleinen Rosenbaum haben wir als Dankeschön erhalten, für unsere langjährige, ehrenamtliche Arbeit an einem Naturschutzprojekt an einem Weiher. Ich liebe diesen Baum, und er erinnert mich an meine langjährige Arbeit und mein Engagement um dieses Projekt am See.[22] Der Baum hat einen besonderen Platz zwischen dem Lavendel gefunden. Die Gartengestaltung der Flora in Köln hat dazu beigetragen, diese Idee in meinem Garten umzusetzen. Ich bin sehr zufrieden an diesem schönen Morgen, dass ich spontan zu dem Bäumchen geführt werde. Ich habe alles für mein Ritual dabei, die Sonne scheint warm, so dass ich einen kleinen Tisch und einen Stuhl auf die Wiese stelle mit meinen Schreibsachen und den Dingen, die ich für mein Ritual brauche. Ich fühle mich völlig eins mit mir und allem, was mich umgibt.

Heute widme ich den Stein mit dem Herzenswunsch "frei zu sein von dem Gedanken, durch
meine Schwester beschränkt zu sein in meinen
Handlungen". Dieser Satz kam spontan und ist
eine Erleichterung für mich. Das Äußern dieses
Gedankens und das dann erfolgte Ritual brachten mir eine besondere Leichtigkeit und eine
neue Sicht auf die Dinge. Wieso war ich nicht
schon vorher darauf gekommen. Ich brauche
einfach die Dinge nicht anzunehmen, die von
mir erwartet werden.
Karlsson hat während des Rituals auf der Wiese
gespielt und ich setze mich an den Tisch und
genieße den Hund, den Garten und das Leben.
Wunderbar leicht fühle ich mich. So einfach
kann alles sein, wenn wir es selber nicht kom-
pliziert machen.

5. Oktober 2019

Widmung zur Earth-Crone

Im Vorfeld habe ich mich intensiv mit den Fragen beschäftigt, die uns Zarah in ihrer E-Mail vom 22. August ans Herz gelegt hatte.

Zu der Zeremonie bringen wir wieder eine Begleiterin mit, die für uns da ist und uns unterstützt. Das ist eine große Erleichterung für mich. Wir haben uns ein schönes Tuch (Stola oder Schal) besorgt das wir bei der Zeremonie tragen werden. Es soll eine besondere Bedeutung für uns haben. Ich habe mein Tuch zuvor an Zarah geschickt, damit sie es segnen und erwecken kann. Dieses Großmutter-Tuch wird die Absicht und Bekräftigung dessen enthalten, was wir bei der Zeremonie widmen wollen. Für unsere festliche Kleidung an dem Tag ist die Farbe Violett, gerne auch schwarz-violett-lila gewünscht. Ich habe mich für schwarz-violett entschieden.

Der Raum in dem wir uns zusammenfinden ist festlich gestaltet und in der Mitte befindet sich die reich geschmückte Mesa mit den Ritualgegenständen. Ich habe mich an der Mesa nach Süden gewandt und erhalte später von meiner Begleiterin, die für mich aufschreibt, die folgenden Worte:

Der Süden steht für das Element Wasser
Vertrauen und Unschuld
Clanmutter: Storyteller

Mit diesen Worten kann ich viel anfangen. Ich bin im Sternzeichen Fische geboren und das Wasserelement gehört zu mir.

Der Süden steht auch für;

Aufgabe: Liebe/Mitgefühl
Archetypus: Der Liebende
Jahreszeit: Sommer
Weg: Vergebung/Selbstannahme

Vertrauen und Unschuld

Immer wieder vertrauensvoll und mit dem Anfängergeist in neue Aufgaben gehen und neue Wege zu beschreiten, dass ist das was ich mir von Herzen wünsche auf meinem weiteren Weg.

Die Clanmutter Storyteller ist ein großes Geschenk für mich und macht mir sehr viel Freude. Ich freue mich darauf mit ihren Qualitäten weiterzugehen.

Der Höhepunkt der Zeremonie bildet für mich meine abgegebene Verpflichtung, dass ich bereit bin, aus meinen Fehlern zu lernen und meine Vereinbarungen neu auszuhandeln, wenn ich merke, dass sie nicht funktionieren. Mein Regenbogen-Earthcrone-Kodex ist eine lebendige Verfassung, die gedeiht und reift in gleichem Maß, wie ich dazulerne und wachse. Mit diesem Kodex verpflichte ich mich, mich selbst, das Leben und andere zu ehren und zu respektieren.

Ich bin nun auf meinem Weg in der 4. Jahreszeit der Frau an den Punkt gekommen, wo ich bereit bin, mich und meine Schönheit zu widmen und in den Dienst des Größeren Ganzen zu geben.

Nun spricht jede von uns ihr innigstes Herzensverlangen, und die Vision aus, die sich in den letzten 13 Monaten gezeigt hat.

Auch ich bin bereit diesen Traum zu manifestieren und weiß, dass ich spätestens nach 13 Monden mit der Umsetzung beginnen soll.

Ich will alles wagen, was nötig ist, ohne das Risiko abschätzen zu können und bin bereit, den Preis zu zahlen. Ich werde für meine Ideen und Werte einstehen, auch wenn es schwierig ist.

Wir unterschreiben alle diese Verpflichtung und unsere Begleiterinnen werden Zeugin dieses Vorganges und bestätigen es durch ihre Unterschrift.

Wie immer endet dieses Fest mit einem rituellen Essen. Jede hat Speisen mitgebracht und wir erfreuen uns an all diesen Köstlichkeiten und sind voll Freude. Ich bin in einer unglaublichen Vorfreude auf die nächsten 13 Monate und meine bevorstehende Reise, die von Mitte Oktober 2019 bis Anfang Februar 2020 dauern sollte, aber das Leben hatte andere Pläne mit mir.

13. Vollmond

13. Oktober 2019, Frankreich St. Avertin Loire, Hainbuche

Wir sind wieder auf Reisen und ich mache mein Ritual am Morgen des 14. Oktober 2019 um 11.00 Uhr, kurz vor unserer Abfahrt zur nächsten Reiseetappe nach Arcachon. Es hatte sich nicht gut angefühlt, diesen 13. Vollmond nicht noch einmal besonders zu verbringen. Wir waren am Abend zuvor in Saint-Avertin Departement Indre-et-Loire angekommen und hatten einen wunderbaren Spaziergang durch den historischen Ort gemacht. Der 13. Vollmond erstrahlte in seiner ganzen Schönheit und ich genoss den gemeinsamen Abend mit Bert und Karlsson. Als wir morgens unsere Sachen zusammenpackten zur Abfahrt, entdeckte ich diese wunderbare Hainbuche und entschloss mich zu meinem spontanen Ritual. Am 5. Oktober hatten wir unsere Widmung zur Earth-Crone bei Zarah. Wir haben jetzt noch einmal 13 Monate Zeit mit unseren Herzenswünschen nach außen zu gehen.

So widme ich heute am 13. Vollmond meinen Stein mit dem Wunsch "mich in den nächsten 13 Monaten zu bemühen, mehr Zeit in der Natur zu verbringen, mich als Bienenhüterin zu betätigen, und die Jugend besonders "Fridays for Future" zu unterstützen in ihrem und meinem Wunsch, Mutter Erde zu schützen".

Das ist eine Verpflichtung, die ich auch unterschrieben habe. Sie gibt mir die Freude und den Willen an etwas weiter zu arbeiten und dafür zu leben in den nächsten Monaten, egal wo ich mich befinde. Ich werde meinen Fokus darauf richten. So ist es und so soll es sein. Heija.

19. November 2019

Meine Welt steht still, denn meine geliebte Zwillingsschwester Katharina ist heute plötzlich und unerwartet verstorben. Der Schmerz ist unermesslich und ich hoffe, die Zeit kann es heilen.

Ich versuche die Ereignisse festzuhalten, kann nicht glauben was geschehen ist.

Zu diesem Zeitpunkt befinden wir uns noch auf Reisen. Ich halte den Kontakt zu meiner Schwester die ganze Zeit aufrecht. Wir schreiben uns regelmäßig über What'sApp und so schicke ich ihr am 12. November ein Vollmondfoto das ich in Spanien gemacht habe. Eine Woche später machen wir einen Ausflug und wollen uns Tarifa ansehen. Wir fahren früh los und als wir in Tarifa ankommen mache ich ein Foto vom gegenüberliegenden Tanger/ Marokko das in den Wolken im Meer zu sehen ist. Dieses Foto schicke ich auf die Geschwister-App. Es ist Dienstag, der 19. November. Seit die Frau meines Bruders vor 3 Jahren verstorben ist, geht meine Schwester regelmäßig am Dienstag zu meinem Bruder. Irgendetwas an der Art wie mein Bruder auf mein Foto antwortet, lässt mich aufhorchen. Es hört sich irgendwie traurig an. Ich frage sofort nach, "aber ist Kiki denn nicht bei Dir?" Seine Antwort: "Nein, sie ist nicht gekommen und hat auch

nicht abgesagt. Ich mache mir große Sorgen".
Ich rufe ihn sofort an und dann nimmt das
Schicksal seinen Lauf. Obwohl wir soweit von
zu Hause entfernt sind nehmen wir an all den
folgenden Ereignissen Haut nah teil. Wir bleiben einfach draußen vor einem Café in Tarifa
sitzen, haben keine Lust mehr die Stadt anzuse-
hen. Zuerst sind wir voller Zuversicht, reden
uns ein, dass sicher nichts Schlimmes passiert
ist. Aber die folgenden Telefonate mit der
Tochter meiner Schwester nehmen mir schnell
meine Zuversicht. In den nächsten Stunden er-
fahre ich, dass meine Schwester im Koma liegt
und wenig Hoffnung besteht. Sie hatte morgens
eine Lungenembolie und hat selbst den Notruf
angerufen. War dann in ihrer Wohnung zusam-
mengebrochen und es dauerte zu lange bis die
Rettungskräfte bei ihr waren. Ihre beiden Töchter und mein Sohn waren bei ihr im Kranken-
haus, als sie am frühen Nachmittag verstarb. Ich
war am Telefon mit meinem Sohn verbunden
um ihm zu sagen, dass ich nach Köln fliegen
würde, als er mir sagte: "Mama, die Kiki stirbt
gerade". Es war der absolute Schock und ich
war fassungslos. Ich war 2700 km von zu Hause
entfernt und konnte nichts tun, konnte ihr nicht
die Hand halten. Mein Sohn hat sie von mir ge-
küsst und gesagt, dass ich bei ihr bin und sie
liebe.

Meine Schwester war nicht krank und es gab keine Anzeichen dafür, dass so etwas passieren würde.

In der Nacht finde ich keine Ruhe, ich will nur noch weg. Will nach Hause zu meinem Sohn, der sehr an seiner Tante hängt. Möchte den Töchtern und Enkeln meiner Schwester beistehen. Ich bin bereit am nächsten Tag nach Hause zu fliegen. Fühle mich allerdings sehr kraftlos. Zuerst war der Plan, dass ich in Köln alles regele und dann in 2-3 Wochen wieder zurückkomme. Denn wir hatten ja eigentlich vor bis Februar unterwegs zu sein. Am anderen Morgen stellt sich heraus, dass Bert auch keine Lust mehr hat, auf Reisen zu bleiben. Ich war sehr froh als er den Vorschlag machte, dass wir zusammen die Heimreise antreten.

Es folgt eine sehr anstrengende Zeit, denn ich finde einfach keine Ruhe mehr. Jede Nacht werde ich wach mit dem Bild, wie meine Schwester hilflos nach Luft ringend, den Notarzt anruft. Ich muss dann aufstehen um Wasser zu trinken, mich zu beruhigen, da ich selbst stark Husten muss. Hinzu kommen Vorwürfe an mich selber, warum konnte ich nicht verständnisvoller mit ihr sein, liebevoller mit ihr umgehen. War es überhaupt gut, im Jahr auf dem Weg zur Crone, so klar meinen eigenen, inneren Bildern zu folgen. Bei der Auflösung ihrer Wohnung und dem sortieren ihrer persönlichen Dinge kommt viel Schmerz in mir hoch.

Und ja, eine Fassungslosigkeit, ein Nicht-Begreifen wollen. Es ist etwas, das ich so noch nicht erlebt habe. Ich verstehe einfach nicht, was ich im letzten Jahr mit ihr erlebt habe. Vor dem Hintergrund, dass sie am Ende dieser Zeit nicht mehr lebt, ist diese Geschichte besonders tragisch. Wir haben uns doch früher immer so gut verstanden.

Es macht mich sehr traurig, dass wir nun unsere guten Vorsätze, bei unserem letzten gemeinsamen Treffen vor meiner Abreise, nicht mehr in die Tat umsetzen können. Wir hatten uns versprochen zukünftig besser auf uns aufzupassen. Wie konnten wir uns nur so irren in unserem letzten gemeinsamen Jahr. Sie ist der Mensch mit dem ich die längste Zeit meines Lebens verbracht habe. Wir waren schon im Bauch unserer Mutter zusammen. Heute bin ich dankbar dafür, dass wir diese 70 gemeinsamen Jahre zusammen erleben durften. Als Kinder waren wir unzertrennlich, schliefen immer im selben Bett. Wenn unsere Mutter uns trennen wollte, damit wir uns bei Krankheiten nicht ansteckten, gab es Tränen und Widerspruch.

Als ich bei unserer Crone-Crowning-Zeremonie im Oktober 2018 im Apfelkreis den Namen "Diana" bekommen hatte, wusste ich nicht warum. Nach meiner Rückkehr von unserer Reise, suchte ich Hilfe bei meiner Therapeutin Diana, um den Verlust meiner Schwester besser verarbeiten zu können. Somit wurde die Frage durch die Ereignisse der Zeit beantwortet.

Im Laufe der Monate hat sich der Schmerz über den Verlust meiner Schwester gewandelt. Er ist immer noch stark, aber wir haben uns gegenseitig verziehen. Ich spreche viel mit ihr und ihr strahlendes, schönes Foto steht bei mir am Meditationsplatz. Sie ist zu meiner humorvollen Beraterin geworden und damit geht es mir gut.

Beim tiefen Schauen kann ich feststellen, dass wir uns beide das Gleiche gewünscht haben. Sie wollte von mir mehr gesehen und anerkannt werden und ich hatte die gleichen Wünsche an sie.

Dem freien Redner, der bei ihrer Beisetzung im Ruhe-Forst Hümmel sprach, sagte ich den Satz von Michael Ende aus der "Unendlichen Geschichte": "Wir hatten beide recht und haben uns beide geirrt"[23]

Inzwischen hat sich die Trauer in mir in eine ruhige Gelassenheit verwandelt. Eine unglaubliche Dankbarkeit über den Fluss des Lebens. Ich sehe meine Schwester endlich als das strahlende Wesen, das sie schon immer war.

Und nun, da das Jahr 2020 begonnen hat und ich mich auf ein wunderbares, neues, kreatives Lebensjahr einstelle, bin ich voller Vorfreude. Nach meiner Rückkehr von Lanzarote habe ich soviel Sonne und Energie, dass ich sofort anfange im Garten zu arbeiten. Freue mich auf den Weisheitskreis der Frauen und auf die Umsetzung meiner Visionen.

13 neue Vollmonde wollen gelebt und betrachtet werden mit all der Vielfalt die dazugehört.

Das Vorherige schrieb ich zu Beginn des Jahres 2020, zu diesem Zeitpunkt konnte ich noch nichts ahnen von all dem was uns in den nächsten Wochen und Monaten durch die Pandemie hervorgerufen durch die Covid 19 Erkrankungen bevorstehen würde.

Hin und wieder taucht die Frage in mir auf nach dem **Warum,** denn ich begreife immer noch nicht, warum meine Schwester in dem Jahr, wo ich so sehr meinen eigenen Weg gegangen bin, von mir gegangen ist.

Die gleiche Frage **Warum** stelle ich mir auch in der aktuellen Krisensituation in Bezug auf das Corona Virus und die aktuellen Ereignisse.

Da ich keine Antwort finde auf diese Fragen suche ich Trost bei Rainer Maria Rilke aus Briefe an einen jungen Dichter:

"Ich sage Ihnen, ich habe noch einen langen Weg vor mir, bis ich da bin – wo man anfängt... Sie sind so jung, so vor allem Anfang und ich möchte Sie, so gut ich es kann, bitten, lieber Herr, Geduld zu haben gegen alles Ungelöste in Ihrem Herzen und zu versuchen, die Fragen selbst liebzuhaben wie verschlossene Stuben und wie Bücher, die in einer sehr fremden Sprache geschrieben sind. Forschen Sie jetzt nicht nach den Antworten, die Ihnen nicht gegeben werden können, weil Sie sie nicht leben könnten. Und es handelt sich darum, alles zu leben. Leben Sie jetzt die Fragen. Vielleicht leben Sie dann allmählich, ohne es zu merken, eines fernen Tages in die Antwort hinein. Beschließen Sie, immer anzufangen – Anfänger zu sein!"[24]

Nachtrag:

Inzwischen glaube ich, meine Schwester hat mich nach Hause geholt. Denn die Ereignisse der letzten Wochen haben sich überschlagen.

Wir werden aktuell überrollt von einer Pandemie verursacht durch das Corona Virus und es ist wichtiger denn je, sich neu zu orientieren und auszurichten. Es ist als würde Mutter Erde uns zwingen Inne zu halten, damit wir Menschen ihr endlich zuhören. Viele Dinge, die früher wichtig waren in meinem Leben, haben sich von heute auf morgen verändert. Hatte ich noch im August 2019 den Wunsch meine übermäßige Geschäftigkeit zu überdenken, so erkenne ich nun, dass ich mich bewusst zurückziehen muss, da es mir von außen aufgetragen wird. Meine jahrelang geliebte Reiselust ist inzwischen verflogen und ich genieße es zu Hause zu sein. Mein Wunsch auf dem Weg zur Crone, mehr zur Ruhe kommen zu wollen und mich um die Bienen und die Natur zu kümmern, lässt sich nun ganz leicht verwirklichen. Es entsteht ein neues, anderes Glück, das trotz der schwierigen Zeiten, eine gute Qualität hat. Besonders tief erlebe ich derzeit die Intensität und Verbundenheit mit den Menschen die mich umgeben. Sei es in der Familie, im Freundeskreis, in der Nachbarschaft oder im näheren Umfeld. Auch darin sehe ich eine Chance für uns alle zu wachsen und sich weiterzuentwickeln.

Danksagung

Ich möchte mich bedanken bei Annette, meiner Sangha-Schwester, die mich durch ihren Anruf und ihre liebevollen Hinweise neugierig gemacht und zu Zarah geführt hat.

Weiter möchte ich mich bedanken bei Annette und auch bei Gabriele dafür, dass sie mir stets eine Mitfahrgelegenheit gegeben haben um zu Zarah zu kommen.

Mein ganz besonderer Dank gilt allerdings Zarah selbst, die mich überrascht hat durch ihre Echtheit, Glaubwürdigkeit und ihr tiefes Wissen. Da ich selbst lange auf dem schamanischen Weg unterwegs bin, hatte ich glaubte schon alles zu wissen. Nun war ich überwältig von all den neuen, interessanten Dingen die ich in den letzten zwei Jahren erfahren durfte.

Danken möchte ich auch Gisela aus meiner Sangha für die Begleitung und Unterstützung bei der Crone-Crowning-Ceremony.

Last but not least danke ich meinem Mann Bert für sein Verständnis und für seine Unterstützung, wenn ich mich in die Einsamkeit zurückzog oder zu Hause nicht ansprechbar war.

Ach ja, vergessen habe ich unserem Hund Karlsson, der mich immer wieder daran erinnert, dass es auch mal Zeit zum Gassi gehen ist und ich dringend frische Luft brauche.

Anmerkungen

[1] Alte Frau
[2] Eine Feier zur Krönung der alten Frau
[3] Buddhistische Gemeinschaft
[4] Jamie Sams, The 13 Original Clan Mothers
[5] Julia Cameron, Der Weg des Künstlers
[6] Clarissa Pinkola Estés
[7] Carol Schaefer, Die Botschaft der Weisen Alten
[8] Clarissa Pinkola Estés, Der Tanz der Großen Mutter
[9] Thich Nhat Hanh, Versöhnung mit dem inneren Kind
[10] Thich Nhat Hanh, Achtsamkeit im Alltag
[11] Thich Nhat Hanh, Leben ist was jetzt passiert, 5 CD's über
    das Geheimnis der Achtsamkeit
[12] Erika Flickinger, Krafttier Grashüpfer
[13] Maria Merimi, Wie zwei Schwalben im Flug
[14] Bienenhüterin, Sue Monk, Kidd
[15] Elke Heidenreich, Alles kein Zufall, Kurzgeschichten
[16] Jean Naudou, Buddha, Die großen Religionsstifter
[17] Hermann Hesse, Der Steppenwolf
[18] Hermann Hesse, Glasperlenspiel
[19] Harald Welzer, Alles könnte anders sein, eine Gesell
    schaftsutopie für freie Menschen
[20] Charles Eisenstein, Die schönere Welt, die unser Herz
    kennt, ist möglich
[21] Jorge Luis Borges, Erzählungen
[22] Maria Merimi, Sonnenuntergang am Kalscheurer Weiher
[23] Michael Ende, Die unendliche Geschichte
[24] Rainer Maria Rilke, Brief an einen jungen Dichter

Bei Books on Demand sind zwei weitere Herzensgeschichten von Maria Merimi erschienen.

Im Juli 2013 erschien das Buch *"Sonnenuntergang am Kalscheurer Weiher"*, Geschichte einer Bürgerinitiative um ein Naturschutzgebiet in Köln.

Im März 2017 erschien das Buch *"Wie zwei Schwalben im Flug"*, Geschichte über eine Liebe die durch Alkohol zerstört wurde und der Weg aus der Co-Abhängigkeit.

Herstellung und Verlag:
BoD – Books on Demand, Norderstedt
ISBN: 9 783751 904445